KB151742

중국고대문자를 활용한

한자파생론

중국고대문자를 활용한

한자파생론

문 병 순 지음

한국문화사

중국고대문자를 활용한

한자파생론

1판1쇄 발행 2018년 12월 24일

지 은 이 문 병 순
펴 낸 이 김 진 수
펴 낸 곳 **한국문화사**
등 록 1991년 11월 9일 제2-1276호
주 소 서울특별시 성동구 광나루로 130 서울숲 IT캐슬 1310호
전 화 02-464-7708
팩 스 02-499-0846
이 메 일 hkm7708@hanmail.net
홈페이지 www.hankookmunhwasa.co.kr

책값은 뒤표지에 있습니다.

잘못된 책은 구매처에서 바꾸어 드립니다.
이 책의 내용은 저작권법에 따라 보호받고 있습니다.

ISBN 978-89-6817-719-4 93720

이 연구는 2017학년도 경희대학교 연구비 지원에 의한 결과임.(KHU-20171196)

이 도서의 국립중앙도서관 출판예정도서목록(CIP)은 서지정보유통지원시스템 홈페이지(http://seoji.nl.go.kr)와 국가자료공동목록시스템(http://www.nl.go.kr/kolisnet)에서 이용하실 수 있습니다.(CIP제어번호: CIP2018042248)

■ 들어가는 말

인간의 사상이나 감정을 표현하고, 의사소통하기 위해 '소리'와 '문자'로 전달하는 것을 '언어'라 한다. '소리언어'는 모든 민족이 보유하고 있지만, 이 소리언어를 기록하여 시간과 공간의 제약을 뛰어넘게 해줄 수 있는 자신만의 '문자언어'를 만들어낸 민족은 그리 많지 않다.[1)]

漢字(한자)는 중국의 漢族(한족)이 자신들의 소리언어인 漢語(한어)를 표기하기 위해 만들어낸 문자언어이다. 그렇다면 漢字는 어떤 방식으로 漢語를 전달하고, 또 어떤 파생 과정을 거쳐 오늘날까지 사용되고 있을까?

본 저서는 ≪한자학습론≫에서 습득한 기초 지식을 바탕으로, 문자언어로 정착된 漢字가 다양한 방식으로 파생되는 과정을 체계적이며 논리적으로 설명하는 데 목적을 두고 있다.

漢字는 '形(형)'과 '音(음)'이 다양하게 조합되어 '義(의)'를 전달하는 방식으로 고안되었다.[2)] 조합된 방식은 漢字가 만들어진 시기와 전달하고자 하는 뜻의 구체성 정도에 따라 다양한 방식을 취하게 된다.

1. '形'을 통한 방식

① 그림

漢字가 정착되기 이전에, 고대인들은 다양한 '그림'을 통해 그들의 소리언어를 전달했다. 통일된 규정이 없었기에 그리는 사람에 따라 그 모양은 다양한 방식으로 표출될 수밖에 없었다.[3)]

---

1) 인간이 소리언어를 어떻게 만들었고, 또 어떻게 발전시켜 왔는가에 대해서는 아직 명확하게 설명할 수 없다.
2) 形音義는 漢字를 구성하는 기본 요소이다.
3) 문자학에서 '象形文字(상형문자)'라 한다.

商 → 西周 → 春秋戰國 → 秦 → 漢

그렇다면 그림과 문자는 어떻게 구별될 수 있는가? 그것은 바로 '읽을 수 있는 그림'이 기준이 된다. '사람의 귀'를 그린 그림이 소리 '이(ěr)'[4]와 결합되어 정착되면서 진정한 문자언어로서의 漢字가 시작된 것이다.[5]

② 부호

고대인들은 그림으로 표현할 수 없는 無形(무형)의 추상적인 개념을 상징적인 부호로 표시하여 일종의 약속으로 사용하였다.

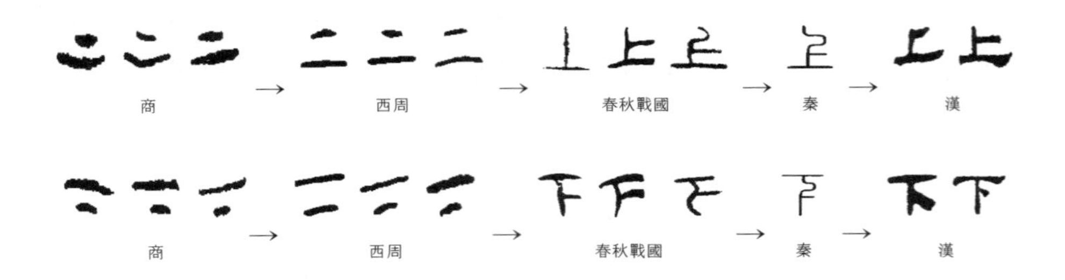

'上(상)'과 '下(하)'는 위쪽과 아래쪽이라는 상대적인 위치를 표현하기 위해, 긴 가로선을 중심으로 위와 아래에 짧은 선을 그어 만든 부호이다. 이러한 약속된 부호는 사람들의 공감대를 형성하고, 소리와 결합되면서 漢字로 정착하게 되다.[6]

③ '形'과 '부호'의 조합

그림과 부호가 읽을 수 있는 漢字로 정착된 후, 이미 만들어진 漢字를 활용하여 더욱 손쉽게 새로운 漢字를 만들 수 있게 되었다.

4) '이(ěr)'는 현재의 소리이며, 고대에는 다른 소리를 사용했다.
5) 이 시기를 학계에서는 商代(상대)로 보고 있다.
6) 문자학에서 '指事文字(지사문자)'라 한다.

商 → 西周 → 春秋戰國 → 秦 → 漢

'甘(감)'은 '입안에 음식을 물고 있는 상황'을 표현한 글자이다. 입속에서 오래 머금고 맛을 느낄 수 있는 것은 '단맛'뿐이라는 점에 착안해, 이미 만들어진 漢字 '口'에 구체적으로 그릴 수 없는 음식물을 부호 '-'로 대신하여 표현한 것이다.7)

④ '形'과 '形'의 조합

두 개 이상의 漢字가 결합되어 좀 더 구체적이고 복합적인 뜻을 나타내는 방식이다.8)

고대 전쟁에서는 적군을 사살한 후, 그 증거로 귀를 잘라가던 습속이 있었다. '타인의 것을 약탈하다'를 표현하기 위해 고민하던 중, 이러한 습속에 착안해 '耳(이)'와 '又(우)'를 합쳐 '약탈하다'라는 복합적인 뜻을 표현하게 된다.9) 이렇게 만들어진 取(취)는 점차 '가져오다', '갖다', '아내를 취하다' 등 다양한 뜻으로 확대 사용된다.10)

이처럼 '形'을 통해 '義'를 전달하는 漢字는 시각효과를 극대화하여 만든 것들이기에, 그 뜻을 쉽게 유추할 수 있고 인지할 수 있다. 그러나 별도의 소리 표식이 없어 어떻게 읽어야 하는지는 반복된 학습을 통해 암기해야 한다는 단점이 있다.11)

---

7) 문자학에서 '指事文字(지사문자)'라 한다.
8) 문자학에서 '會意文字(회의문자)'라 한다.
9) 문자학에서 '本義(본의)'라 한다.
10) 문자학에서 '引伸義(인신의)'라 한다.
11) 중국어를 모국어로 사용하는 사람들도 마찬가지 상황이다.

2. '形'과 '音'을 통한 방식

商 → 西周 → 春秋戰國 → 秦 → 漢

초기에는 단순하게 '사람이 눈을 크게 치켜뜬 모습'을 통해 '멀리 보다'를 표현하였다. 후에 좀 더 명확한 뜻 전달을 위해, '人(인)'은 '𡈼(정)'[12]으로 바뀌었고, 또 '月(월)'이 추가되어, '사람이 언덕위에 올라 멀리 달을 쳐다보는 모습'인 '朢'으로 구체화 되었다.

그러나 '소리' 전달을 목적으로 만들어진 '알파벳', '한글'과는 달리, '뜻'을 전달하기 위해 만들어진 漢字는 '읽기'라는 난관에 봉착하게 된다. 사람들이 '朢'이 전달하고자 하는 뜻은 쉽게 인지할 수 있었으나, '朢'을 어떻게 읽는가는 전적으로 기억에 의지해야 했다. 이로 인해, 문자의 수량이 급속도로 증가하면서 '읽기 문맹'이 심화되었고, 漢字의 생존과 직결된 문제로 떠오르게 되었다.

이러한 읽기의 불편함을 극복하기 위해 고안된 방법이 漢字에 '소리'를 추가하는 것이었다. 이미 '멀리 보다'라는 뜻으로 정착된 '朢'에서 과감하게 '눈'을 생략하고, 그 대신 소리를 담당하는 '亡(망)'을 추가하여 '望'으로 변하게 된다. 이러한 소리 추가 방식은 漢字 발전의 역사에서 일종의 혁신이라 할 수 있고, 이러한 방식을 통해 漢字를 쉽게 더 많이 만들 수 있게 되었다.[13]

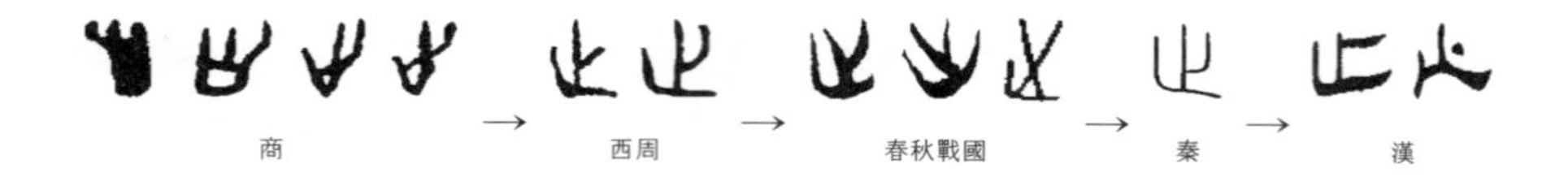

'止(지)'는 '사람의 발'을 표현한 글자이며, 여기에서 '걷다', '움직이다', '멈추다' 등 다양한 의미로 引伸되었다. 이에 약화된 本義를 강조하기 위해 '足(족)'을 추가한 '趾(발 지, zhǐ)'가 파생되었다.[14] 새롭게 만들어진 '趾'에서 '足'이 중심 '뜻'이 되고,

---

12) 𡈼(정)은 '사람이 언덕 위에 올라가 있는 모습'을 표현한 글자이다. '𡈼(정)', '壬(임)', '王(왕)'은 모양이 유사하여 혼용되니 사용에 유의해야한다.

13) 문자학에서 '形聲文字(형성문자)'라 한다.

원래의 '止'는 '뜻'과 '소리'를 겸하는 역할로 변하게 된다.[15]

그런데 여기에서 한 가지 유의할 점이 있다. 漢字에 추가된 소리는 어떤 특정시기에 일괄적으로 부여된 것이 아니며, 게다가 끊임없이 변화하는 語音(어음) 현상을 계속해서 반영할 수 없다는 단점이 있다. 예를 들어, '客(객/kè)', '閣(각/gé)', '格(격/gé)', '略(략/lüè)', '路(로/lù)'는 모두 '各(각)'을 소리로 사용하였으나, 현재는 다양한 소리로 남아 있다.

3. '音'을 통한 방식

商 → 西周 → 春秋戰國 → 秦 → 漢

'莫(막)'은 '茻(망)'과 '日(일)'이 합쳐져 '풀숲으로 해가 저문 시기', 즉 '저녁'을 표현한 글자이다.[16] 그러나 부정사 '없다'를 표현한 소리언어가 적합한 漢字를 만들어내지 못하여, 발음이 유사한 '莫'을 빌려 사용하게 되었다. 이후 의미의 혼란을 방지하기 위해, '莫'에 '日'을 다시 추가한 '暮(저녁 모)'가 파생되었고, '莫'은 '없다'라는 假借義, 즉 소리만 전달하는 漢字로 사용되고 있다.

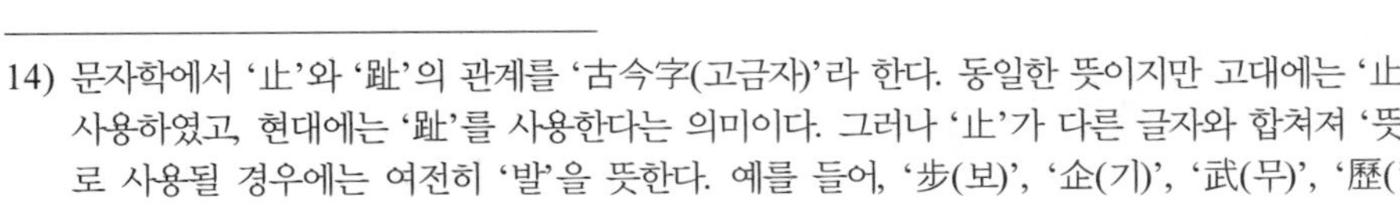

商 → 西周 → 春秋戰國 → 秦 → 漢

14) 문자학에서 '止'와 '趾'의 관계를 '古今字(고금자)'라 한다. 동일한 뜻이지만 고대에는 '止'를 사용하였고, 현대에는 '趾'를 사용한다는 의미이다. 그러나 '止'가 다른 글자와 합쳐져 '뜻'으로 사용될 경우에는 여전히 '발'을 뜻한다. 예를 들어, '步(보)', '企(기)', '武(무)', '歷(력)' 등.

15) '止'의 소리는 암기해야하지만, 파생된 '趾'의 소리는 '止'에 근거한다. 이렇게 만들어진 漢字를 문자학에서 '會意兼形聲(회의겸형성)' 또는 '形聲兼會意(형성겸회의)'라 한다.

16) 가장 구체적으로 표현한 글자는 '茻(망)'과 '日(일)', 그리고 '隹(추)'가 합쳐져 '해가 저물어 새가 숲으로 돌아와 쉬고 있는 시기'를 표현하였다.

'亦(역)'은 사람(大)의 양쪽 겨드랑이 부위에 '획'을 추가하여 '겨드랑이'를 표현한 글자이다.[17] 그런데 '또'라는 소리언어가 문자를 만들어내지 못하고, 발음이 유사한 '亦'을 빌려 사용하게 되었다. 이후 명확한 本義를 전달하기 위해, '肉(月)'과 '亦'이 합쳐진 글자가 파생되었고, '亦'이 다시 단순 소리기능의 '夜(야)'로 바뀌면서 '腋(겨드랑이 액, yè)'이 파생되었다. 현재 '亦'은 '또'라는 假借義, 즉 소리만 전달하는 漢字로 사용되고 있다.

마지막으로 '漢字는 왜, 그리고 어떻게 파생되는가?'에 대해 '又'를 예로 삼아 종합적으로 살펴보도록 하겠다.

	商	西周	春秋戰國	秦	漢
又					
右	-				
佑	-	-		-	
祐					
有	-				

'又'는 원래 '사람의 오른손'을 표현한 글자이다. 여기에서 '손', '오른쪽', '돕다' 등 다양한 의미로 引伸되었고, 동시에 '갖고 있다', '또'라는 의미로도 假借되었다. 이처럼 한 글자가 다양한 의미로 사용되자 혼란을 방지하기 위해 각각의 뜻을 표현할 수 있는 새로운 글자들이 파생되었다.

17) 漢字와 부호의 결합된 구조.

① 右(우)

- ‘又’[뜻] + ‘口’[부호]
- ‘오른손’, ‘오른쪽’을 표현하기 위해 부호 ‘口’를 추가해 파생된 글자이다.

② 佑(우)

- ‘人(인)’[뜻] + ‘右’[뜻/소리]
- ‘(타인을)돕다’를 표현하기 위해 ‘人(인)’을 추가해 파생된 글자이다.

③ 祐(우)

- ‘示(시)’[뜻] + ‘右’[뜻/소리]
- 원래 ‘두 손으로 귀신을 받든 상황’을 통해 ‘신의 도움’을 표현한 글자이다. 西周시대에 ‘두 손’이 ‘友(우)’로 변형되어 소리를 담당하였지만, 春秋戰國시대에 다시 ‘右’로 바뀌면서 소리와 뜻을 모두 담당하는 구조로 바뀌었다.

④ 有(유)

- ‘肉(육)’[뜻] + ‘又’[뜻/소리]
- ‘갖고 있다’, ‘있다’라는 假借義를 표현하기 위해, ‘肉(육)’을 추가해 파생된 글자이며, ‘손에 고깃덩어리를 들고 있다’를 통해 ‘갖고 있다’를 표현하였다.

⑤ 又(우)

- 단독으로 사용될 때는 ‘또’라는 假借義만 남아 있다. 그러나 다른 글자와 조합되어 ‘뜻’으로 사용될 때는 여전히 ‘손’을 뜻한다.
  예) 取(취), 反(반), 及(급), 友(우), 受(수) 등

이처럼 그림과 부호에서 시작된 漢字는 단순히 ‘形’을 통해서만 ‘義’를 표현하는 ‘뜻 전달 중심의 문자’에 머무르지 않고, 소리까지 담아낼 수 있는 문자로 발전했기에 지금까지 그 생명력을 유지하며 발전할 수 있는 것이다.

2018년 12월 1일

書川 연구실에서

文炳淳

■ 차례

■ 일러두기

1. 이 책은 총 180개의 표제자를 수록하였으며, 한국에서 사용하는 正字(정자)를 기준으로 하였다.
2. 효과적인 한자 학습을 위해 한자의 대표훈은 기존과 차별화 하였다. 예를 들어, 京(서울 경) → (수도 경), 止(그칠 지) → (발 지), 欠(하품 흠) → 欠(입 벌리다 흠) 등.
3. 한자의 발음은 한국어와 중국어를 모두 제시하고, 필요한 경우 복수의 발음을 제시하였다.
4. 한자의 변천 과정은 다음과 같은 시대 순으로 배열하였다 : 商代(기원전1600年～기원전1046年) → 西周(기원전1046年～기원전771年) → 春秋戰國(기원전770年～기원전221年) → 秦代(기원전221年～기원전207年) → 漢代(기원전202年～220年) → 한국의 正字/중국의 簡化字.
5. 한자의 변천과정은 시대별 가장 대표적인 것을 선별하여 원형 그대로 복제하여 삽입하였다. 다만 시각적 효과를 높이기 위해 음각 문자는 양각으로 편집하였다.
6. 시대별 해당 字形(자형)이 없는 경우 빈칸으로 두었고, 단독 字形은 없지만 偏旁(편방)에는 보일 경우, 그것을 제시하기도 하였다.
7. 파생 한자는 표제자가 '뜻'과 '소리'로 사용된 경우를 모두 포함하였고, 일부 변형된 字形도 포함하고 있다.
8. 한자 설명에 사용된 용어.
   - 뜻 : 해당 글자에서 '뜻' 전달 역할.
   - 소리 : 해당 글자에서 '소리' 전달 역할.
   - 뜻/소리 : 해당 글자에서 '뜻'과 '소리' 두 가지 전달 역할.
   - 本義(본의) : 한자가 처음 만들어졌을 때 가지고 있던 본래의 의미.
   - 引伸義(인신의) : 本義에서 확대 사용되는 의미.
   - 假借義(가차의) : '소리'만 빌려서 사용하는 전혀 다른 의미.
9. 한자의 本義는 고문자학계에서 통용되는 일반적인 견해를 수록하였고, 다른 견해가 있을 경우 주석으로 부연설명 하였다. 또한 本義가 명확하지 못한 한자에 대해서는 '本義는 불분명함' 또는 '～로 추정됨'의 표현을 사용하였다.
10. 본 저서는 ≪한자학습론≫을 통해 기초 지식을 습득했다는 전제하에 저술되었다.

001. 各【따로 각, gè】

商	西周	春秋戰國	秦	漢	韓國	中國
各	各	各	各	各	各	各

'夂(치)'뜻와 '口(구)'뜻가 합쳐져 '집으로 돌아오다'를 표현한 글자임.[1] '따로따로', '각각' 등 의미는 假借된 것임.

* 관련한자

商	西周	春秋戰國	秦	漢	韓國	中國
–	客	客	客	客	客	客
–	–	–	閣	閣	閣	阁
–	格	格	格	格	格	格
–	–	略	略	略	略	略
–	路	路	路	路	路	路

• 客(손님 객, kè) : '宀(집 면)'뜻과 '各'뜻/소리이 합쳐져 '집에 손님이 오다'를 표현한 글자임. 여기에서 '제3자', '나그네', '지나가다', '여행' 등 의미로 引伸됨.

– 客席(객석)　客觀(객관)　主客(주객)　不請客(불청객)

• 閣(집 각, gé) : '門(문)'뜻과 '各'소리이 합쳐져 '나무로 지어진 창고 또는 건물'을 표현한 글자임. 여기에서 '정부', '관공서' 등 의미로 引伸됨.

– 閣僚(각료)　閣下(각하)　樓閣(누각)　改閣(개각)

• 格(격식 격, gé) : '木(목)'뜻과 '各'소리이 합쳐져 '(나무의) 긴 가지'를 표현한 글자임. 여기에서 '나무로 만든 틀', '형식', '법도' 등 의미로 引伸됨.

– 格式(격식)　規格(규격)　品格(품격)　破格(파격)

---

1) 고대 문자에서 '口'와 '凵'은 모두 '동굴(혈거)'의 의미로도 사용될 수 있음.

• 略(생략하다 략, lüè) : '田(전)'[뜻]과 '各'[소리]이 합쳐져 '토지의 경계를 나누다', '토지를 정리하다'를 표현한 글자임. 여기에서 '계획하다', '침략하다', '대략', '간단히' 등 의미로 引伸됨.

– 略稱(약칭)　略述(약술)　省略(생략)　侵略(침략)

• 路(길 로, lù) : '足(족)'[뜻]과 '各'[소리]이 합쳐져 '길'을 표현한 글자임. 여기에서 '생각의 길', '방법', '도의' 등 의미로 引伸됨.

– 路線(노선)　岐路(기로)　迷路(미로)　隘路(애로)

002. 角【뿔 각, jiǎo/jué】

商	西周	春秋戰國	秦	漢	韓國	中國
					角	角

‘동물의 뿔’을 표현한 글자임. 뿔의 끝부분이 점차 길어지고 획이 추가되어 현재의 모양을 만듦. 뿔은 신체의 가장 끝부분에 위치했기에 ‘구석’, ‘모퉁이’ 등 의미로 引伸되었고, 뿔 달린 짐승들이 뿔을 이용해 싸운다는 점에서 ‘다투다’, ‘비교하다’ 등 의미로도 引伸됨.

* 관련한자

商	西周	春秋戰國	秦	漢	韓國	中國
					解	解
–					衡	衡
–	–				觸	触
–	–	–			邂	邂

• 解(풀다 해, jiě) : ‘臼’[뜻], ‘牛’[뜻], ‘角’[뜻]이 합쳐져 ‘두 손으로 소의 뿔을 잡아 뽑는 상황’을 표현한 글자임. 本義는 ‘해부하다’이며, 여기에서 ‘빠지다’, ‘느슨해지다’, ‘쪼개다’, ‘떠나다’, ‘풀다’, ‘깨닫다’ 등 의미로 引伸됨. ‘臼’는 점차 刀(도)로 바뀌어 현재의 모양을 만듦.

– 解弛(해이) 解雇(해고) 諒解(양해) 難解(난해)

• 衡(저울 형, héng) : ‘角’과 ‘大’가 합쳐진 ‘奐’[뜻]과 ‘行’[소리]이 합쳐져 ‘균형을 잡다’를 표현한 글자로 추정됨. 여기에서 ‘저울’, ‘비교하다’ 등 의미로 引伸됨.

– 衡平(형평) 均衡(균형) 銓衡(전형) 度量衡(도량형)

• 觸(닿다 촉, chù) : '牛'뜻와 '角'뜻이 합쳐져 '소가 뿔로 들이받다'를 표현한 글자임. 여기에서 '찌르다', '닿다', '느끼다' 등 의미로 引伸됨. 秦代에 '牛'대신 '蜀(촉)'소리이 추가되어 현재의 모양을 만듦.

– 觸媒(촉매) 觸發(촉발) 接觸(접촉) 抵觸(저촉)

• 邂(만나다 해, xiè) : '辵(착)'뜻과 '解(해)'소리가 합쳐져 '우연히 만나다'를 표현한 글자임.

– 邂逅(해후)

003. 柬【분간하다 간, jiǎn】

商	西周	春秋戰國	秦	漢	韓國	中國
–	柬	柬	柬	–	柬	柬

‘束(속)’에 두 개의 점을 찍어 ‘자루 속의 물건’을 표현한 글자로 추정됨. 여기에서 ‘선택하다’, ‘고르다’ 등 의미로 引伸됨. ‘편지’, ‘서찰’ 등 의미는 假借된 것임.

* 관련한자

商	西周	春秋戰國	秦	漢	韓國	中國
–	–	–	–	–	揀	拣
–	諫	諫	諫	諫	諫	谏
–	–	練	練	練	練	练
–	–	–	鍊 煉	煉	鍊	炼

- 揀(분간하다 간, jiǎn) : ‘手(수)’[뜻]와 ‘柬’[뜻/소리]이 합쳐져 ‘선택하다’, ‘고르다’를 표현한 글자임.

– 揀擇(간택) 分揀(분간)

- 諫(간언하다 간, jiàn) : ‘言(언)’[뜻]과 ‘柬’[소리]이 합쳐져 ‘웃어른에게 직언하다’를 표현한 글자임.

– 諫言(간언) 司諫院(사간원)

- 練(익히다 련, liàn) : ‘糸(멱)’[뜻]과 ‘柬’[소리]이 합쳐져 ‘생사(生絲)를 충분히 삶아 부드럽고 희게 만드는 작업’을 표현한 글자임. 여기에서 ‘반복하다’, ‘익히다’, ‘노련하다’, ‘겪다’ 등 의미로 引伸됨.

– 練習(연습) 修練(수련) 洗練(세련) 熟練(숙련)

- 鍊(쇠 달구다 련, liàn) : ‘金(금)’[뜻]과 ‘柬’[소리]이 합쳐져 ‘금속을 열로 녹여 무르게 하는 과정’을 표현한 글자임. 여기에서 ‘반복하다’, ‘익히다’, ‘노련하다’, ‘겪다’ 등 의미로 引伸됨.[2]

– 製鍊(제련) 鍛鍊(단련) 老鍊(노련) 對鍊(대련)

---

2) ‘練’, ‘鍊’은 의미가 유사하여 혼용되고 있음.

004. 艮【괘 이름 **간**, gèn】

商	西周	春秋戰國	秦	漢	韓國	中國
					艮	艮

'뒤를 돌아보는 사람의 모습'을 표현한 글자임.3) 여기에서 '외면하다', '원망하다', '배신하다' 등 의미로 引伸됨. '괘(卦)의 이름'은 假借된 것임.

* 관련한자

商	西周	春秋戰國	秦	漢	韓國	中國
–	–	–			恨	恨
–		–			限	限
–	–	–			根	根
					退	退

• 恨(원망하다 한, hèn) : '心(심)'뜻과 '艮'소리이 합쳐져 '원망하다'를 표현한 글자임.
– 恨歎(한탄) 痛恨(통한) 怨恨(원한) 餘恨(여한)

• 限(한정되다 한, xiàn) : '阜(부)'뜻와 '艮'소리이 합쳐져 '언덕이 사람의 시야를 가린 상황'을 표현한 글자임. 여기에서 '막다', '제한하다', '끝' 등 의미로 引伸됨.
– 限度(한도) 權限(권한) 期限(기한) 極限(극한)

• 根(뿌리 근, gēn) : '木(목)'뜻과 '艮'소리이 합쳐져 '나무의 뿌리'를 표현한 글자임. 여기에서 '뿌리에 가까운 부분', '밑', '근본', '능력' 등 의미로 引伸됨.
– 根據(근거) 根幹(근간) 根絶(근절) 禍根(화근)

• 退(물러나다 퇴, tuì) : '皀/簋(궤)'와 '夂(치)'가 합쳐져, '제사가 끝나고 각 종 제기(祭器)를 물리는 상황'을 표현한 글자임.4) 西周 이후 '彳(척)'과 '止(지)'가 추가되었고, '皀'가 점차 '艮'으로 변형되어 현재의 모양을 만듦.
– 退色(퇴색) 衰退(쇠퇴) 退字(퇴자)

---

3) 앞을 바라보는 것은 '視(시)'임.
4) 商代 문자에는 '皀'외에도 '酉', '皿' 등을 사용한 글자가 다수 보임.

005. 去【가다 **거**, qù】

商	西周	春秋戰國	秦	漢	韓國	中國
					去	去
	–				盍	盍

‘口(구)’와 ‘大(대)’가 합쳐져 ‘입을 크게 벌리다’를 표현한 글자임. ‘大’는 점차 ‘土’로, ‘口’는 ‘凵’으로, 다시 ‘厶’로 변형되어 현재의 모양을 만듦. ‘입을 크게 벌리다’에서 ‘벌어지다’, ‘멀어지다’, ‘떠나다’, ‘가다’, ‘버리다’ 등 의미로 引伸됨. ‘盍(합)’은 ‘뚜껑을 덮은 그릇’을 표현한 글자임.[5] 여기에서 ‘덮다’, ‘닫다’ 등 의미로 引伸됨.

* 관련한자

商	西周	春秋戰國	秦	漢	韓國	中國
–	–				蓋	盖
–					法	法
–	–	–			怯	怯
–	–	–			却	却
–	–	–		–	脚	脚

• 蓋(덮다 개, gài) : 艸(초)’[뜻]와 ‘盍’[뜻/소리]이 합쳐져 ‘풀로 덮어씌우다’를 표현한 글자임. 여기에서 ‘덮개’, ‘뚜껑’, ‘모두’, ‘대부분’ 등 의미로 引伸됨.

– 頭蓋(두개) 覆蓋(복개) 蓋然性(개연성) 膝蓋骨(슬개골)

---

5) ‘去’와 구별하기 위해 ‘皿(명)’을 추가해 파생된 글자임.

• 法(법률 법, fǎ) : '水(수)'뜻와 '廌(치)'뜻에 '去'소리가 합쳐져 '법률'을 표현한 글자임.[6] 여기에서 '규칙', '방법', '따르다' 등 의미로 引伸됨. 秦代에 '廌'가 생략되어 현재의 모양을 만듦.

– 法治(법치) 法規(법규) 便法(편법) 脫法(탈법)

• 怯(겁내다 겁, qiè) : '心(심)'뜻과 '去'소리가 합쳐져 '겁내다'를 표현한 글자임. 秦代에는 '犬(견)'뜻을 사용하기도 했음.

– 卑怯(비겁) 食怯(식겁) 怯懦(겁나)

• 却(물러나다 각, què) : '卩(절)'뜻과 '谷(곡)'소리이 합쳐져 '물러나다', '피하다'를 표현한 글자임. 여기에서 '거부하다', '내치다' 등 의미로 引伸됨. 漢代에 '谷'이 모양과 소리가 유사한 '去'로 바뀌어 현재의 모양을 만듦.

– 棄却(기각) 賣却(매각) 冷却(냉각) 燒却(소각)

• 脚(다리 각, jiǎo) : '肉(육)'뜻과 '却'소리이 합쳐져 '(신체)다리'를 표현한 글자임. 여기에서 '물건의 하부', '토대가 되는 것', '지위', '역할' 등 의미로 引伸됨.

– 脚色(각색) 脚光(각광)[7] 立脚(입각) 失脚(실각)

---

6) 本義는 불분명함.

7) 무대의 앞 아래쪽에서 비추는 광선. 'Foot Light'를 한자로 바꾸어 쓴 어휘.

006. 巾【수건 **건**, jīn】

商	西周	春秋戰國	秦	漢	韓國	中國
					巾	巾

‘허리에 차고 다니는 휴대용 천’을 표현한 글자임. 여기에서 ‘천으로 만든 물건’, ‘덮다’ 등 의미로 引伸됨.

* 관련한자

商	西周	春秋戰國	秦	漢	韓國	中國
–					布	布
–					席	席
					帛	帛
					帶	带

• 布(펴다 포, bù) : ‘巾’뜻과 ‘父(부)’소리가 합쳐져 ‘천을 펼치다’를 표현한 글자임. 여기에서 ‘펼치다’, ‘펴다’, ‘베풀다’, ‘벌이다’, ‘퍼지다’ 등 의미로 引伸됨. 漢代에 ‘父’가 ‘𠂇(좌)’뜻로 변형되어 현재의 모양을 만듦.

– 布石(포석) 瀑布(폭포) 頒布(반포) 撒布(살포)

• 席(자리 석, xí) : ‘巾’뜻과 ‘石(석)’소리이 합쳐져 ‘바닥에 까는 자리’를 표현한 글자임. 여기에서 ‘좌석’, ‘모임’ 등 의미로 引伸됨. 西周시대에는 ‘石’의 생략형이 사용되었고, 春秋戰國시대에는 ‘竹’뜻과 ‘石(석)’소리의 구조를 사용하였음.

– 席卷(석권) 私席(사석) 缺席(결석) 陪席(배석)

• 帛(비단 백, bó) : ‘巾’뜻과 ‘白(백)’소리이 합쳐져 ‘비단’을 표현한 글자임.

– 幣帛(폐백)

• 帶(띠 대, dài) : ‘허리띠’를 표현한 글자임. 여기에서 ‘꾸미다’, ‘두르다’, ‘데리고 있다’, ‘부근’ 등 의미로 引伸됨. 春秋戰國시대에 ‘糸(멱)’뜻이 추가되기도 했으며, 秦代에 ‘巾’이 추가되어 현재의 모양을 만듦.

– 携帶(휴대) 附帶(부대) 紐帶(유대) 地帶(지대)

007. 鬲【솥 **력**/막다 **격**, lì/gé】

商	西周	春秋戰國	秦	漢	韓國	中國
[illegible]	[illegible]	[illegible]	[illegible]	[illegible]	鬲	鬲
[illegible]	[illegible]	[illegible]	[illegible]	–	鬳	鬳
–	–	–	[illegible]	[illegible]	甗	甗

'鬲'은 '다리가 셋 있는 솥'을 표현한 글자임. 다리 속은 비어있어 물을 채워 빨리 데울 수 있음. 여기에서 '칸막이', '막다', '분리되다' 등 의미로도 引伸됨. '세 개의 다리'가 점차 '羊(양)'으로 변형되어 현재의 모양을 만듦. '鬳(권)'은 '鬲' 위에 '찜통'을 올린 '시루'와 '虎(호)'[소리]가 합쳐진 글자임.[8] 秦代에 재질을 의미하는 '瓦(기와 와)'[뜻]가 추가되어 '甗(시루 언, yǎn)'이 파생됨.

* 관련한자

商	西周	春秋戰國	秦	漢	韓國	中國
[illegible]	[illegible]	[illegible]	[illegible]	[illegible]	獻	献
–	–	–	[illegible]	[illegible]	鬻	鬻
–	–	–	[illegible]	[illegible]	隔	隔
–	[illegible]	[illegible]	[illegible]	[illegible]	融	融

• 獻(드리다 헌, xiàn) : '犬(견)'[뜻]과 '鬳'[뜻/소리]이 합쳐져 '제물로 바치는 개'를 표현한 글자임. 여기에서 '드리다', '보이다', '표현하다' 등 의미로 引伸됨.

– 獻身(헌신) 獻金(헌금) 貢獻(공헌) 文獻(문헌)

8) 찜통의 모양은 점차 생략되어 '鬲'과 '虍'의 구조로 바뀜.

• 鬻(음식 죽/팔다 육, zhōu/yù) : '鬲(력)'뜻과 '米(미)'뜻가 합쳐져 '솥에서 끓고 있는 죽'을 표현한 글자임.[9] 후에 '물건을 팔다'로 假借되자, '鬲'을 생략한 '粥(죽)'이 파생됨.

– 鷄卵粥(계란죽)　粥沙鉢(죽사발)

• 隔(벌어지다 격, gé) : '阜(부)'뜻와 '鬲(격)'소리이 합쳐져 '막다', '막히다'를 표현한 글자임. 여기에서 '사이를 떼다', '멀어지다', '나누다' 등 의미로 引伸됨.

– 隔差(격차)　隔意(격의)　隔週(격주)　遠隔(원격)

• 融(녹다 융, róng) : 本義는 불분명함. 西周시대에 '𩫏(곽)'과 '蚰(곤)'이 합쳐진 구조였지만, 秦代에 '𩫏'은 '鬲'으로 변형되었고, '蚰'은 '虫'으로 생략되어 현재의 모양을 만듦. '녹아들다'에서 '화합하다', '번창하다' 등 의미로 引伸됨.

– 融合(융합)　融通(융통)　融資(융자)　金融(금융)

---

9) '鬲'의 '弜'은 '증기'를 표현한 것임.

008. 犬【개 **견**, quǎn】

商	西周	春秋戰國	秦	漢	韓國	中國
犬	犬	犬	犬	犬	犬	犬

'꼬리를 치켜든 개'를 표현한 글자임. 다른 글자와 함께 사용될 때, 모양이 '犭'으로 변형되기도 함.

* 관련한자

商	西周	春秋戰國	秦	漢	韓國	中國
–	狗	狗	狗	狗	狗	狗
–	–	–	狀	狀	狀	狀
突	–	突	突	突	突	突
–	伏	–	伏	伏	伏	伏
–	–	然	然	然	然	然

• 狗(개 구, gǒu) : '犬'[뜻]과 '句(구)'[소리]가 합쳐져 파생된 글자임.[10]

– 黃狗(황구) 羊頭狗肉(양두구육) 兔死狗烹(토사구팽)

• 狀(모양 상/문서 장, zhuàng) : '犬'[뜻]과 '爿(장)'[소리]이 합쳐져 '개의 모양'을 표현한 글자임. 여기에서 '형상', '용모', '현상', '묘사', '문서' 등 의미로 引伸됨.

– 狀況(상황) 現狀(현상) 症狀(증상) 請牒狀(청첩장)

• 突(갑자기 돌, tū) : '穴(혈)'[뜻]과 '犬'[뜻]이 합쳐져 '개구멍에서 개가 뛰어나오다'를 표현한 글자임. 여기에서 '(갑자기)뛰어나오다', '갑작스럽다', '내밀다', '부딪치다' 등 의미로 引伸됨.

– 突出(돌출) 突發(돌발) 衝突(충돌) 追突(추돌)

---

10) '犬'은 '忠犬(충견)', '愛犬(애견)', '軍犬(군견)'처럼 주로 사람에게 도움이 되는 긍정적 의미에 사용되고, '狗'는 일반적인 개를 지칭함.

• 伏(엎드리다 복, fú) : 人(인)[뜻]과 犬[뜻]이 합쳐져 '개가 사람 옆에 엎드리고 있는 상황'을 표현한 글자임. 여기에서 '엎드리다', '굴복하다', '숨다', '엿보다' 등 의미로 引伸됨.[11] '여름의 몹시 더운 기간'은 假借된 것임.

– 伏線(복선) 伏兵(복병) 潛伏(잠복) 三伏(삼복) 降伏/降服(항복) 屈伏/屈服(굴복)

• 然(그러하다 연, rán) : '火(화)'[뜻]와 '肰(연)'[소리]이 합쳐져 '불로 태우다'를 표현한 글자임. 후에 '그러하다', '그러나' 등 다양한 의미로 假借되자, '火'[뜻]를 추가한 '燃(태우다 연, rán)'이 파생됨.

– 偶然(우연) 釋然(석연) 燃燒(연소) 燃費(연비)

---

11) '服(복)'과 통용됨.

009. 巠 【물줄기 **경**, jīng】

商	西周	春秋戰國	秦	漢	韓國	中國
–	巠	巠	巠	巠	巠	巠

'옷감을 짤 때, 베틀에 세로로 놓인 날실'을 표현한 글자로 추정됨.

* 관련한자

商	西周	春秋戰國	秦	漢	韓國	中國
–	經	經	經	經	經	经
–	–	徑	徑	徑	徑	径
–	–	輕	輕	輕	輕	轻

- 經(지나다 경, jīng) : '糸(멱/사)'[뜻]과 '巠'[뜻/소리]이 합쳐져 '베틀에 세로로 놓인 날실'을 표현한 글자임. 여기에서 '지나다', '다스리다', '이치', '경서' 등 의미로 引伸됨.

– 經緯(경위) 經書(경서) 經歷(경력) 經路(경로)

- 徑(지름길 경, jìng) : '彳(척)'[뜻]과 '巠'[뜻/소리]이 합쳐져 '수레가 다니지 못하는 좁은 길'을 표현한 글자임. 여기에서 '지름길', '직경', '곧바로' 등 의미로 引伸됨.

– 捷徑(첩경) 直徑(직경) 行動半徑(행동반경)

- 輕(가볍다 경, qīng) : '車(거/차)'[뜻]와 '巠'[소리]이 합쳐져 '작은 수레'를 표현한 글자임. 여기에서 '가볍다', '빠르다', '천하다' 등 의미로 引伸됨.

– 輕薄(경박)

010. 京【수도 **경**, jīng】

商	西周	春秋戰國	秦	漢	韓國	中國
京	京	京	京	京	京	京

‘나무 기둥을 세우고 그 위에 지어진 건축물’을 표현한 글자임. 여기에서 ‘높은 곳에 세워진 건물’, ‘도읍’, ‘수도’ 등 의미로 引伸됨.

* 관련한자

商	西周	春秋戰國	秦	漢	韓國	中國
就	就	就	就	就	就	就
–	–	景	景	景	景	景
–	–	–	涼	涼	凉	凉
–	–	–	諒	諒	諒	谅

• 就(나아가다 취, jiù) : ‘京’[뜻]과 ‘享(향)’[뜻]이 합쳐져 ‘높은 건축물에 위치한 제단(祭壇)’을 표현한 글자임. 여기에서 ‘높은 곳으로 나아가다’, ‘좇다’, ‘따르다’, ‘이루다’ 등 의미로 引伸됨. 秦代에 ‘享’이 ‘尤(우)’[소리]로 바뀌면서 현재의 모양을 만듦.

– 就業(취업) 就任(취임) 就寢(취침) 進就(진취)

• 景(햇빛 경, jǐng) : ‘日(일)’[뜻]과 ‘京’[소리]이 합쳐져 ‘햇빛’을 표현한 글자임. 여기에서 ‘그림자’, ‘형상’, ‘현상’ 등 의미로 引伸됨.

– 景致(경치) 景氣(경기) 背景(배경) 絶景(절경)

• 凉(서늘하다 량, liáng) : ‘水(수)’[뜻]와 ‘京’[소리]이 합쳐져 ‘농도가 낮은 술’을 표현한 글자임. 여기에서 ‘엷다’, ‘옅다’, ‘낮다’, ‘춥다’ 등 의미로 引伸됨. 漢代 이후에 ‘水’가 ‘冫(빙)’으로 변형되어 현재의 모양을 만듦.

– 荒凉(황량) 凄凉(처량) 淸凉(청량) 納凉(납량)

• 諒(살펴 알다 량, liàng) : ‘言(언)’[뜻]과 ‘京’[소리]이 합쳐져 ‘말에 믿음이 있음’을 표현한 글자임. 여기에서 ‘믿다’, ‘관대하다’, ‘살피다’ 등 의미로 引伸됨.

– 諒解(양해) 諒知(양지) 惠諒(혜량)

011. 競【다투다 **경**, jìng】

商	西周	春秋戰國	秦	漢	韓國	中國
					競	竞

머리에 장식이 있는 두 사람을 앞뒤로 배치하여 '앞서거니 뒤서거니 서로 다투는 모습'을 표현한 글자임. 머리 부분은 점차 '言(언)' 또는 '音(음)'으로, 다시 '咅(부)'로 변형되어 현재의 모양을 만듦.

* 관련한자

商	西周	春秋戰國	秦	漢	韓國	中國
		–			竟	竟
–	–	–			境	境

- 竟(마침내 경, jìng) : '辛(신)'과 '人(인)' 또는 '大(대)'가 합쳐진 글자임.[12] 秦代에 머리 부분이 '音(음)'으로 변형되어 현재의 모양을 만듦. 고대문헌에서 '땅의 가장자리', '경계' 등 의미로 사용되고 있음. '마침내', '드디어'로 假借되자, '土(토)'뜻를 추가한 '境'이 파생됨.

– 畢竟(필경) 有志竟成(유지경성)

- 境(국경 경, jìng) : '土'뜻와 '竟'뜻/소리이 합쳐져 '국경'을 표현한 글자임. '일정한 장소', '상태' 등 의미로 引伸됨.

– 境遇(경우) 國境(국경) 環境(환경) 困境(곤경)

12) 本義는 불분명함. '竟'에 '점' 또는 '획'을 추가해 파생된 글자로 보는 견해도 있음.

012. 㡭【잇다 **계**, jì】

商	西周	春秋戰國	秦	漢	韓國	中國
–	–	[illegible]	–	–	㡭	㡭

‘실 뭉치가 서로 연결된 모양(𢆶)’을 표현한 글자임. 후에 ‘刀(도)’가 추가되면서 현재의 모양을 만듦. ‘㡭’는 ‘잇다’와 ‘자르다’ 두 가지 상반된 뜻으로 사용되었음.13) 이에 ‘糸(멱/사)’을 추가한 ‘繼’, ‘斤(근)’을 추가한 ‘斷’, 그리고 ‘卩’을 추가한 ‘絶’이 파생됨.

* 관련한자

商	西周	春秋戰國	秦	漢	韓國	中國
–	–	[illegible]	[illegible]	[illegible]	繼	继
–	[illegible]	[illegible]	[illegible]	[illegible]	斷	断
[illegible]	[illegible]	[illegible]	[illegible]	[illegible]	絶	绝

• 繼(잇다 계, jì) : ‘糸’뜻과 ‘㡭’뜻가 합쳐져 ‘잇다’를 표현한 글자임. 여기에서 ‘이어나가다’, ‘지속하다’ 등 의미로 引伸됨.

– 繼續(계속) 繼承(계승) 中繼(중계) 後繼(후계)

• 斷(끊다 단, duàn) : 원래 ‘刀(도)’뜻와 ‘叀(전)’소리이 합쳐져 ‘끊다’를 표현한 글자임. 여기에서 ‘나누다’, ‘단정하다’ 등 의미로 引伸됨. 秦代에 ‘斤(근)’뜻과 ‘𢇍(절)’뜻/소리의 구조로 바뀌었고,14) ‘𢇍’이 다시 ‘㡭’로 바뀌면서 현재의 모양을 만듦.

– 斷絶(단절) 斷罪(단죄) 遮斷(차단) 獨斷(독단)

• 絶(끊다 절, jué) : ‘糸(멱)’뜻과 ‘刀(도)’뜻가 합쳐져 ‘칼로 실을 끊는 상황’을 표현한 글자임. 여기에서 ‘다하다’, ‘끝나다’, ‘드물다’ 등 의미로 引伸됨. 秦代에 ‘卩(절)’소리이 추가되었고, 漢代에 ‘刀’와 ‘卩’이 합쳐져 ‘色’으로 변형됨.

– 絶望(절망) 絶景(절경) 絶頂(절정) 杜絶(두절)

13) 漢代까지 ‘㡭’는 ‘繼’과 ‘斷’ 두 가지 뜻으로 사용되었음.
14) ‘絶’의 초기 모양.

013. 高【높다 고, gāo】

商	西周	春秋戰國	秦	漢	韓國	中國
					高	高

‘京’에 ‘口’[부호]를 추가해 파생된 글자임. 本義는 ‘높다’이며, 여기에서 ‘뛰어나다’, ‘크다’, ‘멀다’, ‘깊다’, ‘비싸다’ 등 의미로 引伸됨.

* 관련한자

商	西周	春秋戰國	秦	漢	韓國	中國
–	–				亭	亭
–	–		–		亮	亮
					膏	膏
–	–	–	–		毫	毫

• 亭(정자 정, tíng) : ‘高’[뜻]의 생략형과 ‘丁(정)’[소리]이 합쳐져 ‘잠시 머물러 쉴 수 있는 건물’을 표현한 글자임. 여기에서 ‘쉬다’, ‘멈추다’ 등 의미로 引伸되자, ‘人(인)’[뜻]을 추가한 ‘停(머무르다 정, tíng)’이 파생됨.

– 亭子(정자) 八角亭(팔각정) 停滯(정체) 停年(정년)

• 亮(밝다 량, liàng) : ‘高’[뜻]의 생략형과 ‘人(인)’[뜻]이 합쳐져 ‘사람이 높은 곳에 있음’을 표현한 글자임. 여기에서 ‘똑똑히 보이다’, ‘밝다’, ‘빛나다’ 등 의미로 引伸됨.[15)]

– 諸葛亮(제갈량)

• 膏(기름 고, gāo) : ‘肉(육)’[뜻]과 ‘高’[소리]가 합쳐져 ‘동물에서 짜낸 기름’을 표현한 글자임. 여기에서 ‘지방’, ‘고약’ 등 의미로 引伸됨.

– 膏藥(고약) 軟膏(연고)

15) 주로 인명(人名)에 사용됨.

• 毫(털 호, háo) : '毛(모)'뜻와 '高'소리의 생략형이 합쳐져 '몸에 난 길고 가는 털'을 표현한 글자임.16) 여기에서 '붓', '가늘다', '작다' 등 의미로 引伸됨.
- 揮毫(휘호) 秋毫(추호)

16) 호저(豪猪)의 길고 날카로운 가시 털을 표현하고자, '豪'에 '毛'를 추가해 파생된 글자로 보기도 함.

014. 谷【골짜기 **곡**, gǔ】

商	西周	春秋戰國	秦	漢	韓國	中國
					谷	谷

흐르는 물(水의 생략)과 산골짝 입구(口)가 합쳐져 ‘산골 속에서 샘물이 솟아 나와 골짜기 사이를 흘러 내려가는 모양’을 표현한 글자임. 여기에서 ‘(물이 흐르는)골짜기’, ‘산속’, ‘깊은 굴’ 등 의미로 引伸됨.

* 관련한자

商	西周	春秋戰國	秦	漢	韓國	中國
–					俗	俗
–	–				浴	浴
–	–				欲	欲
–	–				容	容

• 俗(풍속 속, sú) : ‘人(인)’[뜻]과 ‘谷’[소리]이 합쳐져 ‘사람의 습관’을 표현한 글자임. 여기에서 ‘평범하다’, ‘대중적이다’, ‘관습’ 등 의미로 引伸됨.

– 俗說(속설) 俗字(속자) 俗世(속세) 低俗(저속)

• 浴(목욕 욕, yù) : ‘水(수)’[뜻]와 ‘谷’[소리]이 합쳐져 ‘몸을 씻다’를 표현한 글자임. 여기에서 ‘수양하다’ 등 의미로 引伸됨.

– 浴槽(욕조) 浴室(욕실) 沐浴(목욕) 日光浴(일광욕)

• 欲(바라다 욕, yù) : ‘欠(흠)’[뜻]과 ‘谷’[소리]이 합쳐져 ‘하고자 하다’를 표현한 글자임. 후에 ‘心(심)’[뜻]을 추가한 ‘慾(욕)’이 파생되어 주로 명사로 사용됨.[17]

– 欲求/慾求(욕구) 欲望/慾望(욕망) 意欲/意慾(의욕) 私欲/私慾(사욕)

• 容(받아들이다 용, róng) : ‘宀(면)’[뜻]과 ‘谷’[뜻/소리]이 합쳐져 ‘받아들이다’를 표현한 글자임. 여기에서 ‘담다’, ‘용납하다’, ‘용서하다’ 등 의미로 引伸됨. ‘외모’, ‘얼굴’ 등 의미는 假借된 것임.

– 容納(용납) 容恕(용서) 容貌(용모) 寬容(관용)

---

17) 한국에서 ‘慾’은 명사, ‘欲’은 동사로 구분하기도 하나, 중국에서는 ‘欲’으로 통일함.

015. 骨【뼈 골, gǔ】

商	西周	春秋戰國	秦	漢	韓國	中國
–	–				骨	骨

‘肉(육)’[뜻]과 ‘冎’[뜻/소리]이 합쳐져 ‘뼈’를 표현한 글자임. 여기에서 ‘골격’, ‘중추’, ‘중심’, ‘몸’ 등 의미로 引伸됨.

* 관련한자

商	西周	春秋戰國	秦	漢	韓國	中國
–	–				肯	肯
–	–				體	体
–	–	–		–	骸	骸
–	–	–			滑	滑

• 肯(수긍하다 긍, kěn) : ‘冎’[뜻]의 생략형과 ‘肉’[뜻]이 합쳐져 ‘뼈 사이의 틈새’, ‘뼈에 붙은 살’을 표현한 글자임. ‘동의하다’, ‘수긍하다’ 등 의미는 假借된 것임. ‘冎’의 생략형 ‘冖’이 점차 ‘止’로 변형되어 현재의 모양을 만듦.

– 肯定(긍정) 首肯(수긍)

• 體(몸 체, tǐ) : ‘骨’[뜻]과 ‘豊(예)’[소리]가 합쳐져 ‘사람의 몸’을 표현한 글자임. 여기에서 ‘형상’, ‘물체’, ‘본질’, ‘몸소’ 등 의미로 引伸됨.[18]

– 實體(실체) 團體(단체) 體感(체감) 體驗(체험)

• 骸(뼈 해, hái) : ‘骨’[뜻]과 ‘亥(해)’[소리]가 합쳐져 ‘종아리 뼈’를 표현한 글자임. 여기에서 ‘뼈’, ‘몸’ 등 의미로 引伸됨.

– 骸骨(해골) 遺骸(유해)

• 滑(미끄럽다 활, huá) : ‘水(수)’[뜻]와 ‘骨’[소리]이 합쳐져 ‘매끄럽다’를 표현한 글자임. 여기에서 ‘미끄럽다’, ‘부드럽다’ 등 의미로 引伸됨.

– 滑降(활강) 滑走(활주) 圓滑(원활) 潤滑(윤활)

---

18) 春秋戰國시대에는 ‘身(신)’, ‘肉(육)’, ‘骨(골)’ 등 다양한 의미 요소가 사용되었음.

016. 共【함께 **공**, gòng】

商	西周	春秋戰國	秦	漢	韓國	中國
[illegible]	[illegible]	[illegible]	[illegible]	[illegible]	廾	廾
–	[illegible]	[illegible]	[illegible]	[illegible]	共	共

‘두 손(廾)으로 무언가를 받쳐 들고 있는 모습’을 표현한 글자임. 손 위의 물건이 점차 ‘廿’으로 변형되어 현재의 모양을 만듦.

* 관련한자

商	西周	春秋戰國	秦	漢	韓國	中國
–	–	[illegible]	[illegible]	[illegible]	供	供
–	–	[illegible]	[illegible]	[illegible]	恭	恭
–	–	[illegible]	[illegible]	[illegible]	巷	巷
[illegible]	[illegible]	[illegible]	[illegible]	[illegible]	異	异

• 供(제공하다 공, gòng/gōng) : ‘人(인)’뜻과 ‘共’뜻/소리이 합쳐져 ‘두 손으로 바치다’를 표현한 글자임. 여기에서 ‘주다’, ‘진술하다’ 등 의미로 引伸됨.

– 供給(공급) 供養(공양) 提供(제공) 佛供(불공)

• 恭(공손하다 공, gōng) : ‘心(심)’뜻과 ‘共’소리이 합쳐져 ‘공손한 마음’을 표현한 글자임. 여기에서 ‘단정하다’, ‘받들다’, ‘섬기다’ 등 의미로 引伸됨.

– 恭敬(공경) 恭遜(공손)

• 巷(거리 항, xiàng) : ‘邑(읍)’뜻과 ‘共’소리이 합쳐져 ‘골목길’을 표현한 글자임. 여기에서 ‘거리’, ‘마을’, ‘집’ 등 의미로 引伸됨.

– 巷間(항간) 簞瓢陋巷(단표누항)

• 異(다르다 이, yì) : ‘머리에 짐을 이고 있는 모습’을 표현한 글자임. 후에 ‘다르다’로 假借되자, ‘𢦏(재)’소리를 추가한 ‘戴(머리에 이다 대, dài)’가 파생됨.

– 異見(이견) 異例(이례) 差異(차이) 推戴(추대)

017. 巩【굳다 **공**, gǒng】

商	西周	春秋戰國	秦	漢	韓國	中國
[illegible]	[illegible]	[illegible]	[illegible]	–	丮	丮
–	[illegible]	[illegible]	[illegible]	–	巩	巩

'丮(극)은 '무릎 꿇고 앉아 두 손을 내민 사람'을 표현한 글자임. 漢代 이후 두 손이 한 손으로 생략된 '卂'이 출현하였으며, 모양이 비슷한 '丸(환)' 또는 '凡(범)'과 자주 혼용되었음. 후에 '工(공)'^소리^을 추가한 '巩(巩)'이 파생됨[19]

* 관련한자

商	西周	春秋戰國	秦	漢	韓國	中國
–	–	–	[illegible]	[illegible]	鞏	巩
–	–	[illegible]	[illegible]	[illegible]	恐	恐
–	–	[illegible]	[illegible]	[illegible]	築	筑

- 鞏(굳다 공, gǒng) : 革(혁)'^뜻^과 '巩'^소리^이 합쳐져 '가죽 끈으로 단단하게 묶다'를 표현한 글자임. 여기에서 '단단하다', '굳다' 등 의미로 引伸됨.

– 鞏固(공고)

- 恐(두렵다 공, kǒng) : '心(심)'^뜻^과 '巩'^소리^이 합쳐져 '두려움'을 표현한 글자임. 여기에서 '무서워하다', '염려하다', '아마도' 등 의미로 引伸됨.[20]

– 恐怖(공포) 恐喝(공갈) 恐龍(공룡) 恐妻家(공처가)

- 築(쌓다 축, zhú) : '木(목)'^뜻^과 '筑(축)'^소리^이[21] 합쳐져 '담이나 성벽을 쌓을 때 흙을 다지는 도구'를 표현한 글자임. 여기에서 '쌓다', '다지다', '건축물' 등 의미로 引伸됨.

– 築臺(축대) 建築(건축) 構築(구축) 增築(증축)

---

19) 本義는 불분명함. 현재 '巩', '巩', '巩' 세 가지 字形이 혼용되고 있음.
20) 戰國시대에는 '心(심)'^뜻^과 '工(공)'^소리^의 구조를 사용했음.
21) '筑'은 대나무로 만든 현악기임.

018. 冎【뼈 **과/와**, guō/wāi】

商	西周	春秋戰國	秦	漢	韓國	中國
	–	–		–	冎	冎

‘여러 개의 뼈가 연결되어 있는 모양’을 표현한 글자임. 후에 모양이 상하로 분리되면서 ‘冎’로 변형되었고, ‘肉(육)’[뜻]이 추가된 ‘骨(골)’이 파생됨.[22]

* 관련한자

商	西周	春秋戰國	秦	漢	韓國	中國
	–			–	咼	咼
	–				別	别
–					過	过
–	–				禍	祸

• 咼(입 비뚤어지다 괘/와, wāi/wǒ) : ‘口(구)’[뜻]와 ‘咼’[소리]가 합쳐져 ‘입이 삐뚤어지다’를 표현한 글자임. 여기에서 ‘비뚤어지다’, ‘바르지 못하다’ 등 의미로 引伸됨. 후에 ‘口’를 추가한 ‘喎(입 비뚤어지다, 괘/와)’가 파생되었고, ‘비뚤어지다’, ‘바르지 못하다’는 ‘歪(기울다 왜, wāi)로 대체됨.

– 口眼喎斜(구안와사) 歪曲(왜곡)

• 別(나누다 별, bié) : ‘冎’에 ‘刀(도)’[뜻]를 추가한 ‘冎刂’는 ‘칼을 사용해 뼈와 살을 분리하다’를 표현한 글자임. 여기에서 ‘다르다’, ‘구별하다’, ‘이별하다’ 등 의미로 引伸됨. 漢代에 ‘冎’가 ‘另’로 변형되어 현재의 모양을 만듦.[23]

– 差別(차별) 區別(구별) 離別(이별) 別味(별미)

---

22) 한국과 중국의 ‘咼’는 모양이 다름.
23) 중국에서는 ‘另’으로 변형됨.

• 過(지나다 과, guò) : '辵(착)'[뜻]과 '咼'[소리]가 합쳐져 '지나가다'를 표현한 글자임. 여기에서 '경과하다', '초과하다', '헐뭍', '돌이켜보다' 등 의미로 引伸됨.

– 過去(과거) 過熱(과열) 謝過(사과) 看過(간과)

• 禍(재앙 화, huò) : '示(시)'[뜻]와 '咼'[소리]가 합쳐져 '재앙'을 표현한 글자임. 여기에서 '사고', '허물', '죄' 등으로 引伸됨.

– 禍根(화근) 吉凶禍福(길흉화복) 轉禍爲福(전화위복)

019. 雚【새 관, guàn】

商	西周	春秋戰國	秦	漢	韓國	中國
雚	雚	雚	雚	雚	雚	雚

머리 깃털과 두 개의 입 혹은 눈을 강조한 '새'를 표현한 글자임. 후에 '鳥(조)'[뜻]를 추가한 '鸛(황새 관, guàn)'이 파생됨.

* 관련한자

商	西周	春秋戰國	秦	漢	韓國	中國
–	–	觀	觀	觀	觀	观
–	–	權	權	權	權	权
–	–	–	勸	勸	勸	劝
–	–	–	歡	歡	歡	欢

• 觀(보다 관, guān) : '見'[뜻]과 '雚'[소리]이 합쳐져 '자세히 보다'를 표현한 글자임. 여기에서 '모양', '용모', '생각' 등 의미로 引伸됨.

– 觀察(관찰) 觀測(관측) 外觀(외관) 觀念(관념)

• 權(권력 권, quán) : '木(목)'[뜻]과 '雚'[소리]이 합쳐져 '나무의 한 종류'를 표현한 글자임. 무게를 재는 '저울의 추'로 假借되었고, 여기에서 '권력', '권리' 등 의미로 引伸됨.

– 權威(권위) 棄權(기권) 執權(집권) 債權(채권)

• 勸(권하다 권, quàn) : '力(력)'[뜻]과 '雚'[소리]이 합쳐져 '힘써 권하다'를 표현한 글자임. 여기에서 '힘쓰다', '인도하다' 등 의미로 引伸됨.

– 勸獎(권장) 勸告(권고) 勸誘(권유) 勸善懲惡(권선징악)

• 歡(기쁘다 환, huān) : '欠(흠)'[뜻]과 '雚'[소리]이 합쳐져 '입을 크게 벌려 좋아하는 모습'을 표현한 글자임. 여기에서 '좋아하다', '즐거움' 등 의미로 引伸됨.

– 歡迎(환영) 歡心(환심) 哀歡(애환) 歡呼聲(환호성)

020. 弓【활 궁, gōng】

商	西周	春秋戰國	秦	漢	韓國	中國
					弓	弓

'화살을 메워서 쏘는 기구'를 표현한 글자임.

* 관련한자

商	西周	春秋戰國	秦	漢	韓國	中國
					引	引
					弘	弘
	–				弦	弦
–	–				張	张
–	–				弱	弱
–	–				溺	溺

• 引(끌다 인, yǐn) : '弓'뜻에 '丿'부호을 추가하여 '활을 쏘다'를 표현한 글자임. 여기에서 '늘이다', '이끌다' 등 의미로 引伸됨.
– 引導(인도) 引用(인용) 牽引(견인) 割引(할인)

• 弘(크다 홍, hóng) : '弓'뜻에 '口'부호를 추가하여 '강하다', '크다'를 표현한 글자임. 여기에서 '넓다', '높다' 등 의미로 引伸됨. '口'는 점사 '厶(사)'로 변형되어 현재의 모양을 만듦.
– 弘報(홍보) 弘益(홍익)

• 弦(활시위 현, xián) : '弓'뜻과 '糸(멱)'뜻이 합쳐져 '활시위'를 표현한 글자임. 여기에서 '활모양', '악기 줄', '(현악기를)타다' 등 의미로 引伸됨. 후에 '糸'뜻과 玄(현)소리이 합쳐진 '絃(줄 현, xián)'이 파생됨.
– 上弦(상현) 下弦(하현) 管絃樂器(관현악기) 絃樂三重奏(현악삼중주)

• 張(벌이다 장, zhāng) : '弓'[뜻]과 '長(장)'[소리]이 합쳐져 '활시위를 당기다'를 표현한 글자임. 여기에서 '어떤 일을 벌이다', '기세가 오르다', '넓히다', '펼치다' 등 의미로 引伸됨.

– 主張(주장) 擴張(확장) 誇張(과장) 緊張(긴장)

• 弱(약하다 약, ruò) : 戰國시대에는 '弓'과 '勿(물)'이 합쳐진 구조였음.[24] 秦代에 '弓'에 '彡'이 추가된 모양으로 변형되어 현재의 모양을 만듦. '약하다'는 假借된 의미로 추정됨. 여기에서 '어리다', '쇠하다' 등 의미로 引伸됨.

– 弱化(약화) 衰弱(쇠약) 脆弱(취약) 懦弱(나약)

• 溺(빠지다 닉, nì) : '水(수)'[뜻]와 '弱'[소리]이 합쳐져 '물에 빠지다'를 표현한 글자임. 여기에서 '빠져들다', '그르치다', '지나치다' 등 의미로 引伸됨.

– 溺死(익사) 耽溺(탐닉)

---

24) 本義는 불분명함.

021. 圭【옥 규, guī】

商	西周	春秋戰國	秦	漢	韓國	中國
圭	圭	圭	圭	圭	圭	圭

商代에는 ‘士(사)’[뜻]와 ‘戈(과)’[뜻/소리]가 합쳐져 ‘제후 및 귀족의 신분’을 표현하였음. 여기에서 ‘제후를 봉할 때 사용하던 옥’[25]으로 引伸됨. ‘士’는 점차 모양이 유사한 ‘土(토)’로 변형되었고, 게다가 상하로 겹쳐 쓰면서 ‘圭’가 만들어짐. 이로 인해 ‘土’를 겹쳐 쓴 ‘圭’와 중복되자, ‘玉’을 추가한 珪(규)가 파생됨.

* 관련한자

商	西周	春秋戰國	秦	漢	韓國	中國
–	–	–	佳	佳	佳	佳
–	–	–	挂	–	掛	挂
–	–	–	厓	厓	厓	厓

• 佳(아름답다 가, jiā) : ‘人(인)’[뜻]과 ‘圭’[소리]가 합쳐져 ‘아름다운 사람’을 표현한 글자임. 여기에서 ‘좋다’, ‘훌륭하다’ 등 의미로 引伸됨.

– 佳作(가작) 佳節(가절) 漸入佳境(점입가경)

• 掛(걸다 괘, guà) : ‘手(수)’[뜻]와 ‘圭’[소리]가 합쳐져 ‘손으로 물건을 매달다’를 표현한 글자임. 여기에서 ‘걸다’, ‘매달다’, ‘두다’ 등 의미로 引伸됨.[26]

– 掛圖(괘도) 掛鐘(괘종) 掛心(괘심) 掛念(괘념)

• 厓(언덕 애, yá) : ‘厂(엄)’[뜻]과 ‘土(토)’[뜻]의 중복형이 합쳐져 ‘언덕’ 또는 ‘낭떠러지’, ‘가장자리’를 표현한 글자임. 후에 ‘山(산)’[뜻]이 추가된 ‘崖(언덕 애)’와 ‘水(수)’[뜻]가 추가된 ‘涯(물가 애)’가 파생됨.

– 生涯(생애) 天涯孤獨(천애고독) 磨崖石佛(마애석불)

---

25) 제후로 봉해질 때 왕으로부터 받는 ‘위가 둥글 뾰족하고 아래가 사각인 옥’.
26) 한국에서는 ‘卦(괘)’[소리]를 사용함.

022. 斤【도끼 근, jīn】

商	西周	春秋戰國	秦	漢	韓國	中國
					斤	斤

'벌목 또는 전쟁 용도의 도끼'를 표현한 글자임. 여기에서 '무기', '무력', '전쟁' 등 의미로 引伸됨. 무게 단위 '근'은 假借된 것임.

* 관련한자

商	西周	春秋戰國	秦	漢	韓國	中國
-	-	-			斥	斥
					折	折
					析	析
					新	新

• 斥(물리치다 척, chì) : 秦代에는 '㡿(척)'을 '배척하다'로 사용하였으며, 漢代에 '斥'이 만들어져 현재까지 사용되고 있음.[27] '물리치다', '내쫓다' 등 의미로 引伸됨.

– 排斥(배척) 除斥(제척) 衛正斥邪(위정척사)

• 折(꺾다 절, zhé) : '도끼(斤)로 나무를 쪼갠 상황'을 표현한 글자임. 여기에서 '자르다', '꺾다', '값을 깎다', '결단하다', '타협하다' 등 의미로 引伸됨. 원래 쪼개진 나무를 두 개의 '屮(철)'로 표현하였으나, 秦代에 결합되면서 '手(수)'로 변형되어 현재의 모양을 만듦.

– 折衷(절충) 挫折(좌절) 屈折(굴절) 骨折(골절)

• 析(쪼개다 석, xī) : '木(목)'뜻과 '斤'뜻이 합쳐져 '도끼로 나무를 쪼개려 하다'를 표현한 글자임. 여기에서 '나누다', '해부하다', '밝히다' 등 의미로 引伸됨.

– 分析(분석) 解析學(해석학) 腎臟透析(신장투석)

---

27) 本義는 불분명함.

• 新(새롭다 신, xīn) : '析'에 '辛(신)'[소리]을 추가해 파생된 글자임. 本義는 '땔감'이며, 여기에서 '계절마다 새로운 땔감을 구하다', '새롭다' 등 의미로 引伸됨. 후에 '艸(초)'[뜻]를 추가한 '薪(땔나무 신, xīn)'이 파생됨.

– 新舊(신구) 新聞(신문) 新規(신규) 刷新(쇄신)

023. 堇【진흙 근, jǐn】

商	西周	春秋戰國	秦	漢	韓國	中國
–	堇	堇	堇	堇	堇	堇

‘堇’은 원래 ‘土(토)’[뜻]와 ‘英(한)’[소리]이 합쳐져 ‘진흙’을 표현한 글자임.

* 관련한자

商	西周	春秋戰國	秦	漢	韓國	中國
–	–	勤	勤	勤	勤	勤
–	–	謹	謹	謹	謹	谨
–	–	–	僅	–	僅	仅

• 勤(부지런하다 근, qín) : ‘力(력)’[뜻]과 ‘堇’[소리]이 합쳐져 ‘농기구를 들고 일하다’를 표현한 글자임. 여기에서 ‘힘쓰다’, ‘고생하다’, ‘업무’ 등 의미로 引伸됨.

– 勤勞(근로)　勤勉(근면)　出勤(출근)　缺勤(결근)

• 謹(삼가다 근, jǐn) : ‘言(언)’[뜻]과 ‘堇’[소리]이 합쳐져 ‘몸가짐이나 언행을 조심하다’를 표현한 글자임.

– 勤愼(근신)　謹嚴(근엄)　謹弔(근조)　謹呈(근정)

• 僅(겨우 근, jǐn) : ‘人(인)’[뜻]과 ‘堇’[소리]이 합쳐져 ‘사람의 재능’을 표현한 글자임.[28] 현재 本義는 없어지고 ‘겨우’, ‘단지’ 등 假借된 의미만 남아 있음.

– 僅僅(근근)　僅少(근소)

28) ≪說文解字≫ : “僅, 材能也.”

024. 今【지금 금, jīn】

商	西周	春秋戰國	秦	漢	韓國	中國
					今	今

'거꾸로 그린 입'에 '一'을 추가하여 '입을 다물다'를 표현한 글자로 추정됨. 여기에서 '머금다', '읊다' 등 의미로 引伸됨. '이제', '지금' 등 의미로 假借되자 '口'를 추가한 '含'과 '吟'이 파생됨.

* 관련한자

商	西周	春秋戰國	秦	漢	韓國	中國
–	–				含	含
–	–	–			吟	吟
					念	念
	–				貪	贪

- 含(머금다 함, hán) : '口(구)'[뜻]와 '今'[뜻/소리]이 상하 구조로 합쳐져 '입안에 무언가를 머금고 있다'를 표현한 글자임. 여기에서 '품다', '담다', '견디다' 등 의미로 引伸됨.

– 含蓄(함축) 含量(함량) 含笑(함소) 包含(포함)

- 吟(읊다 음, yín) : '口(구)'[뜻]와 '今'[뜻/소리]이 좌우 구조로 합쳐져 '목소리를 입속에 머금고 낮은 소리로 읊조리다'를 표현한 글자임.

– 吟味(음미) 吟遊(음유) 呻吟(신음) 吟風弄月(음풍농월)

- 念(생각 념, niàn) : '心(심)'[뜻]과 '今'[뜻/소리]이 합쳐져 '마음속에 생각을 담고 있음'을 표현한 글자임. 여기에서 '마음에 두다', '기억하다' 등 의미로 引伸됨.

– 念頭(염두) 念慮(염려) 槪念(개념) 執念(집념)

- 貪(탐내다 탐, tān) : '貝(패)'[뜻]와 '今'[뜻/소리]이 합쳐져 '재물에 욕심내다'를 표현한 글자임. 여기에서 '탐내다', '희망하다' 등 의미로 引伸됨.

– 貪官(탐관) 食貪(식탐) 貪慾(탐욕) 小貪大失(소탐대실)

025. 其【그것 기, qí】

商	西周	春秋戰國	秦	漢	韓國	中國
					其	其
–	–				箕	箕

‘(대나무로 만든) 벼를 까부르는 키’를 표현한 글자임. 후에 ‘丌(기)’[소리]가 추가되어 현재의 모양을 만듦. 本義는 ‘(농기구)키’이며, 대명사 ‘그것’으로 假借되자, ‘竹’[뜻]을 추가한 ‘箕(키 기, jī)’가 파생됨.

* 관련한자

商	西周	春秋戰國	秦	漢	韓國	中國
	–				基	基
–	–				期	期
–	–				欺	欺

- 基(기초 기, jī) : ‘土(토)’[뜻]와 ‘其’[소리]가 합쳐져 ‘땅을 높이고 굳혀서 만든 기반’을 표현한 글자임. 여기에서 ‘토대’, ‘기초’, ‘근본’ 등 의미로 引伸됨.

– 基礎(기초) 基金(기금) 基準(기준) 基地(기지)

- 期(기간 기, qī) : ‘月(월)’[뜻]과 ‘其’[소리]가 합쳐져 ‘일정한 시간’을 표현한 글자임. 여기에서 ‘기다리다’, ‘바라다’ 등 의미로 引伸됨. 春秋戰國시대에는 ‘日(일)’[뜻]을 사용하기도 했음.

– 期限(기한) 期待(기대) 期間(기간) 延期(연기)

- 欺(속이다 기, qī) : ‘欠(흠)’[뜻]과 ‘其’[소리]가 합쳐져 ‘속이다’를 표현한 글자임.

– 詐欺(사기) 欺瞞(기만) 自欺欺人(자기기인)

026. 金【쇠 **금**/성씨 **김**, jīn】

商	西周	春秋戰國	秦	漢	韓國	中國
[illegible]	[illegible]	[illegible]	[illegible]	[illegible]	金	金

'쇳물을 녹여 청동을 추출하는 과정'을 표현한 글자임. 本義는 '청동'이며, 여기에서 '금속', '화폐', '귀하다' 등 의미로 引伸됨. '성씨'는 假借된 것임. 西周시대에 '녹인 쇳덩이(〓)', '도끼(王)', 그리고 '今(금)'소리의 생략형이 합쳐진 구조로 변형되어 현재의 모양을 만듦.

* 관련한자

商	西周	春秋戰國	秦	漢	韓國	中國
–	–	[illegible]	[illegible]	[illegible]	針	针
–	–	[illegible]	[illegible]	[illegible]	銘	铭
–	–	[illegible]	[illegible]	[illegible]	銜	衔
–	–	–	[illegible]	[illegible]	鏡	镜

• 針(바늘 침, zhēn) : '바늘'을 표현한 글자임. 여기에서 '뾰족하다', '찌르다', '지적하다', '가리키다', '방향' 등 의미로 引伸됨. 秦代에 '金'뜻과 '咸(함)'소리의 '鍼(침)'으로 변경되었고, '咸'이 다시 '十(십)'소리으로 변경되어 현재의 모양을 만듦.

– 方針(방침) 指針(지침) 一針(일침) 針葉樹(침엽수)

• 銘(새기다 명, míng) : '金'뜻과 '名(명)'소리이 합쳐져 '금속에 글자를 새기다'를 표현한 글자임. 여기에서 '기록하다', '명심하다' 등 의미로 引伸됨.

– 銘心(명심) 感銘(감명) 碑銘(비명) 座右銘(좌우명)

• 銜(입에 물다 함, xián) : '金'뜻과 '行(행)'뜻이 합쳐져 '말의 입에 물리는 재갈'을 표현한 글자임. 여기에서 '입에 물다', '마음에 품다', '신분' 등 의미로 引伸됨.

– 名銜(명함) 職銜(직함) 姓銜(성함) 尊銜(존함)

• 鏡(거울 경, jìng) : 金'뜻과 '竟(경)'소리이 합쳐져 '청동 거울'을 표현한 글자임. 여기에서 '본보기', '모범' 등 의미로 引伸됨.

– 眼鏡(안경)　破鏡(파경)　顯微鏡(현미경)　鏡中美人(경중미인)

027. 疒【병들다 녁, nè】

商	西周	春秋戰國	秦	漢	韓國	中國
[illegible]	[illegible]	[illegible]	[illegible]	[illegible]	疒	疒

‘人(인)’뜻과 ‘爿(상/장)’뜻이 합쳐져 ‘사람이 병들어 침대에 누워있는 모습’을 표현한 글자임.[29] 후에 사람의 등 부위와 침대의 평면이 합쳐지면서 현재의 모양을 만듦.

* 관련한자

商	西周	春秋戰國	秦	漢	韓國	中國
[illegible]	[illegible]	[illegible]	[illegible]	[illegible]	疾	疾
–	–	[illegible]	[illegible]	[illegible]	病	病
–	–	–	[illegible]	[illegible]	痛	痛
–	–	[illegible]	[illegible]	[illegible]	疲	疲

- 疾(병들다 질, jí) : ‘大(대)’뜻와 ‘矢(시)’뜻가 합쳐져 ‘화살을 맞아 부상당한 사람’을 표현한 글자임. 여기에서 ‘병’, ‘아픔’, ‘결점’ 등 의미로 引伸되었고, ‘빠르다’, ‘신속하다’는 假借된 것임. ‘大’가 점차 ‘疒’으로 바뀌어서 현재의 모양을 만듦.

– 疾病(질병) 痼疾(고질) 疾走(질주)

- 病(병들다 병, bìng) : ‘疒’뜻과 ‘丙(병)’소리이 합쳐져 파생된 글자임. 戰國시대에는 ‘方(방)’소리을 사용하기도 했으나, 秦代에 ‘丙’으로 바뀌어 현재의 모양을 만듦.[30]

– 發病(발병) 病菌(병균) 病弊(병폐)

29) 商代에는 병들어 땀을 흘리는 사람을 표현한 글자도 보임.
30) 원래 ‘疾’은 ‘외상(外傷)’, ‘病’은 ‘내상(內傷)’을 뜻했으나 현재는 구별 없이 사용함.

• 痛(아프다 통, tòng) : ‘疒’뜻과 ‘甬(용)’소리이 합쳐져 ‘병에 걸려 나타난 통증’을 표현한 글자임. 여기에서 ‘슬픔’, ‘고통’, ‘간절함’, ‘매우’ 등 의미로 引伸됨.

– 痛症(통증) 苦痛(고통) 痛感(통감) 痛快(통쾌)

• 疲(피곤하다 피, pí) : ‘疒’뜻과 ‘皮(피)’소리가 합쳐져 ‘병에 걸려 지치다’를 표현한 글자임. 여기에서 ‘피곤하다’, ‘고달프다’ 등 의미로 引伸됨.

– 疲困(피곤) 疲勞(피로) 疲弊(피폐)

028. 能【능하다 능, néng】

商	西周	春秋戰國	秦	漢	韓國	中國
–					能	能

‘곰’을 표현한 글자임. 큰 머리와 입, 짧은 꼬리, 짧고 굵은 四肢(사지), 그리고 큰 발바닥을 강조하였음. 후에 몸통은 ‘厶’, 큰 입은 ‘月(肉)’, 발은 ‘⺋’로 변형되어 현재의 모양을 만듦. 후에 ‘능력’, ‘재능’, ‘~할 수 있다’ 등 의미로 假借됨.

* 관련한자

商	西周	春秋戰國	秦	漢	韓國	中國
–	–				熊	熊
–	–	–			態	态
–	–				罷	罢

• 熊(곰 웅, xióng) : ‘火(화)’[뜻]와 ‘能’[소리]이 합쳐져 ‘활활 타오르는 거센 불’을 표현한 글자임. 현재 本義은 없어지고 ‘곰’으로 假借됨.

– 熊女(웅녀) 熊膽(웅담) 魚與熊掌(어여웅장)

• 態(모양 태, tài) : ‘心(심)’[뜻]과 ‘能’[소리]이 합쳐져 ‘마음가짐’을 표현한 글자임. 여기에서 겉으로 드러난 ‘모습’, ‘모양’, ‘상태’ 등 의미로 引伸됨.

– 態度(태도) 狀態(상태) 醜態(추태) 舊態依然(구태의연)

• 罷(그만두다 파, bà) : ‘网(망)’[뜻]과 ‘能’[뜻]이 합쳐져 ‘그물을 이용해 곰을 잡다’를 표현한 글자임. 포획된 곰은 모든 저항을 포기하게 되므로, ‘그만두다’, ‘내치다’ 등 의미로 引伸됨.

– 罷免(파면) 罷業(파업) 罷場(파장) 革罷(혁파)

029. 單【낱개 **단**, dān】

商	西周	春秋戰國	秦	漢	韓國	中國
單 單	單	單	單	單	單	单
–	嘼	嘼	嘼	–	嘼	嘼

‘Y’자 형태의 긴 막대에 ‘돌멩이’와 ‘그물’을 장착한 ‘사냥도구’를 표현한 글자임, ‘한 개’, ‘오직’, ‘다만’ 등 의미는 假借된 것임. ‘單’에 가로 획(一)과 ‘口’가 추가되면서 ‘嘼(짐승 축, chù)’이 파생됨.31)

* 관련한자

商	西周	春秋戰國	秦	漢	韓國	中國
畜 畜	–	畜	畜	畜	畜	畜
獸	獸	獸	獸	獸	獸	兽
–	–	戰	戰	戰	戰	战
–	–	–	彈	彈	彈	弹

• 畜(가축 축, chù/xù) : ‘⊕’뜻와 ‘幺(요)’소리가 합쳐져 ‘胃(위)에 음식물이 남아 있는 상황’을 표현한 글자로 추정됨.32) 여기에서 ‘쌓이다’, ‘모이다’ 등 의미로 引伸되었고, ‘가축’으로 假借되자, ‘艸(초)’뜻를 추가한 ‘蓄(모으다 축, xù)’이 파생됨. ‘⊕’는 ‘田(전)’으로, ‘幺’는 ‘玄(현)’으로 변형되어 현재의 모양을 만듦.

– 家畜(가축) 屠畜(도축) 含蓄(함축) 備蓄(비축)

• 獸(짐승 수, shòu) : ‘單’뜻과 ‘犬(견)’뜻이 합쳐져 ‘사냥하다’를 표현한 글자임. 여기에서 ‘짐승’으로 引伸됨. 秦代에 ‘單’이 ‘嘼’으로 변형되어 현재의 모양을 만듦. 후에 ‘犬’뜻과 ‘守(수)’소리가 합쳐진 ‘狩(사냥하다 수, shòu)’가 파생됨.

– 野獸(야수) 猛獸(맹수) 狩獵(수렵) 人面獸心(인면수심)

31) 현재는 ‘嘼’대신 ‘畜(짐승 축)’을 사용하고 있음.
32) ‘田(전)’과는 다른 글자임.

• 戰(싸우다 전, zhàn) : '戈(과)'[뜻]와 '單(단)'[소리]이 합쳐져 '전쟁'을 표현한 글자임. 여기에서 '싸움', '시합', '경쟁', '두려움' 등 의미로 引伸됨.

– 戰慄(전율) 戰犯(전범) 挑戰(도전) 冷戰(냉전)

• 彈(탄알 탄, dàn/tán) : '弓(궁)'[뜻]과 '單(단)'[소리]이 합쳐져 '돌을 쏘는 활'을 표현한 글자임. 여기에서 '탄알', '튕기다', '두드리다', '질책하다' 등 의미로 引伸됨.

– 彈劾(탄핵) 彈壓(탄압) 彈力(탄력) 爆彈(폭탄)

030. 大【사람 **대**/크다 **대**, dà】

商	西周	春秋戰國	秦	漢	韓國	中國
					大	大

‘정면을 보고 서 있는 사람’을 표현한 글자임. 여기에서 신분, 나이, 면적, 용량, 수량, 규모 등이 ‘크다’라는 의미로 引伸됨.

* 관련한자

商	西周	春秋戰國	秦	漢	韓國	中國
–	–		–		太	太
					因	因
–	–			–	尖	尖
–	–				奇	奇

- 太(크다 태, tài) : ‘최고’, ‘매우’ 등 추상적 의미를 전달하기 위해 ‘大’에 획을 추가해 파생된 글자임.

– 太子(태자) 太極(태극) 太初(태초) 太平洋(태평양)

- 因(말미암다 인, yīn) : ‘大(대)’[뜻]와 ‘衣(의)’[뜻]가 합쳐져 ‘사람이 옷을 입고 있는 모습’을 표현한 글자임. 여기에서 ‘속옷’, ‘근본’, ‘친근하다’, ‘잇닿다’ 등 의미로 引伸됨. ‘衣’는 점차 사람 전체를 에워싸면서 ‘口’으로 변형됨.

– 因果(인과) 因襲(인습) 因緣(인연) 原因(원인)

- 尖(뾰족하다 첨, jiān) : ‘小(소)’[뜻]와 ‘大’[뜻]가 상하로 합쳐져, ‘위쪽이 작고 아래쪽이 큰 모양’을 표현한 글자임. 여기에서 ‘뾰족하다’, ‘날카롭다’, ‘검사하다’ 등 의미로 引伸됨.33)

– 尖端(첨단) 尖銳(첨예) 尖兵(첨병)

---

33) 秦代에는 ‘金(금)’[뜻]과 ‘韱(섬)’[소리]이 합쳐진 ‘鑯’(날카롭다 첨, jiān)을 사용하였음.

• 奇(기이하다 기, qí) : '大'[뜻]와 '可(가)'[소리]가 합쳐져 '기이하다'를 표현한 글자임. 여기에서 '새롭다', '뛰어나다' 등 의미로 引伸됨.

– 奇妙(기묘) 奇拔(기발) 神奇(신기) 獵奇(엽기)

031. 𤔔【어지럽다 **란**, luàn】

商	西周	春秋戰國	秦	漢	韓國	中國
					𤔔	𤔔

‘실패에 감긴 실을 두 손으로 푸는 상황’을 표현한 글자임. 여기에서 ‘엉킨 줄을 정리하다’와 ‘엉킨 줄’ 두 가지 상반된 의미로 引伸되었고, ‘어지럽다’, ‘재앙’ 등 의미로 다시 引伸됨.

* 관련한자

商	西周	春秋戰國	秦	漢	韓國	中國
–	–				亂	乱
					辭	辞

• 亂(어지럽다 란, luàn) : ‘𤔔’뜻에 의미 없는 ‘乙(을)’부호을 추가하여 파생된 글자임.

– 混亂(혼란) 攪亂(교란) 騷亂(소란) 紊亂(문란)

• 辭(말씀 사, cí) : ‘𤔔’뜻과 ‘䇂(건)’뜻이 합쳐져 ‘어지러움을 다스리다’를 표현한 글자임. 여기에서 ‘주관하다’, ‘관리하다’, ‘소송하다’, ‘말이나 글로 나타낸 것’, ‘알리다’ 등 의미로 引伸됨. ‘䇂’ 대신 ‘司(사)’를 쓰기도 하였지만, 秦代에 ‘辛(신)’으로 변형되어 현재의 모양을 만듦.

– 辭職(사직) 辭典(사전) 修辭(수사) 固辭(고사)

032. 良【좋다 **량**, liáng】

商	西周	春秋戰國	秦	漢	韓國	中國
良 良	良	良	良	良	良	良
–	–	–	廊	廊	廊	廊

‘반혈거(半穴居) 형태의 주거지’를 표현한 글자임.[34] 여기에서 ‘좋다’, ‘우수하다’ 등 의미로 引伸됨. 후에 ‘广(엄)’[뜻]을 추가한 ‘廊(사랑채 랑, láng)’이 파생됨.

* 관련한자

商	西周	春秋戰國	秦	漢	韓國	中國
–	–	–	郎	郎	郎	郎
–	–	–	朗	朗	朗	朗
–	–	–	浪	浪	浪	浪
–	–	糧	糧	糧 粮	糧	粮

- 郎(사내 랑, láng) : ‘阜(부)’[뜻]와 ‘良’[소리]이 합쳐져 ‘지명(地名)’으로 사용된 글자임. ‘젊은 남자’, ‘남편’ 등 의미는 假借된 것임.

– 新郎(신랑) 花郎(화랑)

- 朗(밝다 랑, lǎng) : ‘月(월)’[뜻]과 ‘良’[소리]이 합쳐져 ‘밝은 달’을 표현한 글자임. 여기에서 ‘(소리가)맑다’, ‘유쾌하다’ 등 의미로 引伸됨. 漢代에 글자의 좌우위치가 바뀌면서 현재의 모양을 만듦.

– 朗讀(낭독) 朗報(낭보) 朗誦(낭송) 明朗(명랑)

- 浪(물결 랑, làng) : ‘水(수)’[뜻]와 ‘良’[소리]이 합쳐져 ‘물결’을 표현한 글자임. ‘물결’이 이리저리 거칠게 흐르는 것에 비유해 ‘함부로’, ‘마구’ 등 의미로 引伸됨.

– 浪費(낭비) 浪說(낭설) 風浪(풍랑) 浪漫(낭만)[35]

---

34) ‘반혈거’는 환기가 되는 구조이기에 ‘혈거’에 비해 생활환경이 많이 개선됨.

• 糧(양식 량, liáng) : '米(미)'[뜻]와 '量(량)'[소리]이 합쳐져 '곡물'을 표현한 글자임. 漢代에 '良'[소리]을 사용한 이체자 '粮(량)'이 만들어짐.

– 糧食(양식)　糧穀(양곡)　食糧(식량)　軍糧(군량)

35) '로망(Roman)'의 假借임.

033. 呂【성씨 려, lǚ】

商	西周	春秋戰國	秦	漢	韓國	中國
					呂	吕

'두 개의 청동 덩어리(呂)'를 표현한 글자임.[36] 지명 또는 성씨로 사용되는 것은 假借된 것임. 秦代에 위아래를 연결하는 획이 추가되어 '呂'로 변형됨.

* 관련한자

商	西周	春秋戰國	秦	漢	韓國	中國
					宮	宫
-	-				營	营
-	-	-	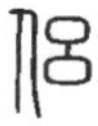		侶	侣
-	-	-			閭	闾

- 宮(집 궁, gōng) : 여러 개의 방이 있는 건축물(宀)을 표현한 글자임. 여기에서 '궁전', '아내' 등 의미로 引伸됨. '여러 개의 방'이 '呂'로 변형되어 현재의 모양을 만듦.

– 宮闕(궁궐) 宮殿(궁전) 宮合(궁합) 迷宮(미궁)

- 營(경영하다 영, yíng) : '宮(궁)'[뜻]과 '熒(형)'의 생략형 '𤇾'[소리]이 합쳐져 '사방을 흙으로 쌓아올린 공간'을 표현한 글자임. 여기에서 '군대주둔지', '쌓다', '짓다', '꾀하다' 등 의미로 引伸됨.

– 營業(영업) 營利(영리) 營爲(영위) 國營(국영)

- 侶(짝 려, lǚ) : '人(인)'[뜻]과 '呂'[소리]가 합쳐져 '짝', '벗'을 표현한 글자임. 여기에서 '함께하다', '벗하다' 등 의미로 引伸됨.

– 僧侶(승려) 伴侶者(반려자)

---

36) 특정 금속을 지칭하는 명사로 추정됨.

• 閭(마을 려, lǘ) : '門(문)'뜻과 '呂'소리가 합쳐져 '동네의 어귀에 세운 문'을 표현한 글자임.[37] 여기에서 '마을'로 引伸됨.

– 閭閻(여염)

37) 周나라의 행정 제도. 스물다섯 가구를 '閭'라 함.

034. 力【힘 력, lì】

商	西周	春秋戰國	秦	漢	韓國	中國
					力	力

‘흙을 파서 갈아엎거나 퍼내는 데 쓰는 농기구’를 표현한 글자임. 여기에서 ‘일하다’, ‘힘쓰다’, ‘일꾼’, ‘군사’ 등 의미로 引伸됨.

* 관련한자

商	西周	春秋戰國	秦	漢	韓國	中國
–					加	加
–	–				駕	驾
					嘉	嘉
–	–				賀	贺
–	–	–	–	–	架	架

- 加(더하다 가, jiā) : ‘力’[뜻]과 ‘口(구)’[뜻]가 합쳐져 ‘힘주어 말하다’를 표현한 글자임. 여기에서 ‘더하여 채우다’, ‘가입하다’ 등 의미로 引伸됨.

– 加擔(가담) 加害(가해) 增加(증가) 追加(추가)

- 駕(탈 것 가, jià) : ‘馬(마)’[뜻]와 ‘加’[소리]가 합쳐져 ‘말에 연결된 탈것’을 표현한 글자임. 여기에서 ‘타다’, ‘몰다’ 등 의미로 引伸됨.

– 御駕(어가) 凌駕(능가)

- 嘉(경사 가, jiā) : ‘壴(주)’[뜻]와 ‘加’[소리]가 합쳐져 ‘경사스럽다’, ‘좋다’를 표현한 글자임.

– 嘉尙(가상) 嘉排/嘉俳(가배)

- 賀(축하 하, hè) : ‘貝(패)’[뜻]와 ‘加’[소리]가 합쳐져 ‘선물로 축하하다’를 표현한 글자임. 여기에서 ‘칭찬하다’, ‘보태다’ 등 의미로 引伸됨.

– 祝賀(축하) 致賀(치하) 賀客(하객)

• 架(선반 가, jià) : '木(목)'[뜻]과 '加'[소리]가 합쳐져 '나무로 만든 받침 또는 틀'을 표현한 글자임. 여기에서 '공중에 뜨다', '터무니없다' 등 의미로 引伸됨.

– 架空(가공)　架橋(가교)　高架(고가)　書架(서가)

035. 鹿【사슴 록, lù】

商	西周	春秋戰國	秦	漢	韓國	中國
					鹿	鹿

긴 뿔과 큰 눈을 통해 ‘사슴’을 표현한 글자임. 몸통과 다리는 점차 생략되어 ‘比’로 변형됨.

* 관련한자

商	西周	春秋戰國	秦	漢	韓國	中國
					麗	丽
–	–	–			塵	尘

• 麗(아름답다 려, lì) : ‘사슴 머리위에 나란히 자란 뿔’을 표현한 글자임. 여기에서 ‘나란히 하다’, ‘한 쌍’, ‘아름답다’ 등 의미로 引伸됨. 후에 ‘人(인)’[뜻]을 추가한 ‘儷(짝 려, lì)’가 파생됨.

– 華麗(화려) 秀麗(수려) 伉儷(항려) 駢儷文(변려문)[38]

• 塵(먼지 진, chén) : ‘麤(추)’[뜻]와 土(토)[뜻]가 합쳐져 ‘사슴이 떼 지어 달릴 때 흙먼지가 일어나는 상황’을 표현한 글자임. 여기에서 ‘먼지’, ‘때’, ‘더럽히다’ 등 의미로 引伸됨. 漢代에 ‘麤’는 ‘鹿’으로 생략되어 현재의 모양을 만듦.[39]

– 塵世(진세) 粉塵(분진) 防塵(방진) 風塵(풍진)

38) 변려체(駢儷體), 변문(駢文), 사륙문(四六文)이라고도 함. 문장이 4자와 6자를 기본으로 한 대구(對句)로 이루어져, 수사적으로 미감을 주는 중국 고대의 문체.

39) 중국에서는 ‘작은 흙먼지’를 뜻하는 ‘尘’을 사용함.

036. 龍【용 **룡**, lóng】

商	西周	春秋戰國	秦	漢	韓國	中國
					龍	龙

큰 입과 긴 몸통, 그리고 화려한 머리장식을 통해 '상상 속 동물인 용'을 표현한 글자임. 여기에서 '신령스러운 동물', '왕' 등 의미로 引伸됨. 후에 머리와 입은 '音'으로, 몸통부분은 '巳'로 변형됨. 또한 秦代에 '巳'에 '≡'[부호]가 추가되면서 현재의 모양을 만듦.

* 관련한자

商	西周	春秋戰國	秦	漢	韓國	中國
			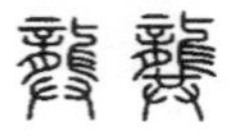		龔	龚
–					寵	宠
	–	–			龐	庞
–	–	–			厖	庬
		–			襲	袭

- 龔(성씨 공, gōng) : '龍'[뜻]과 '廾(공)'[뜻/소리]이 합쳐져 '두 손으로 용을 떠받친 모습'을 표현한 글자임. '廾'은 秦代에 '共'으로 바뀌어 현재의 모양을 만듦. 本義는 '공손하다'이며, 성씨로 假借되자, '恭(공손하다 공)'이 파생됨.[40]
- 寵(사랑하다 총, chǒng) : '宀(면)'[뜻]과 '龍'[소리]이 합쳐져 '집안에서 추대 받다'를 표현한 글자임. 여기에서 '높이다', '사랑하다', '은혜' 등 의미로 引伸됨. 특히 '윗사람이 아랫사람에 대한 사랑'을 지칭함.

– 寵愛(총애)　寵臣(총신)　寵兒(총아)　恩寵(은총)

40) '恭' 참고.

• 龐(크다 방, páng) : ‘广(엄)’[뜻]과 ‘龍’[소리]이 합쳐져 ‘높고 큰 집’을 표현한 글자임. 여기에서 ‘크다’, ‘넓다’ 등 의미로 引伸됨. 한국에서는 ‘厖(크다 방)’ 또는 ‘尨(방)’을 사용함.[41)]

– 厖大/尨大(방대)

• 襲(잇다 습, xí) : ‘衣(의)’[뜻]를 겹쳐 써서 ‘두 겹으로 입은 옷’을 표현한 글자로 추정됨.[42)] 여기에서 ‘중복하다’, ‘따라하다’ 등 의미로 引伸되었고, ‘습격하다’는 假借된 것임. 추가된 ‘龖(답)’[소리]이 ‘龍’으로 생략되어 현재의 모양을 만듦.

– 襲擊(습격)　世襲(세습)　踏襲(답습)　掩襲(엄습)

---

41) 중국에서는 ‘龐大(庞大)’로 표기함.

42) 劉釗, ≪新甲骨文編(增訂本)≫, 497쪽.

037. 亩【곳간 름, lǐn】

商	西周	春秋戰國	秦	漢	韓國	中國
[illegible]	[illegible]	[illegible]	[illegible]	–	亩	亩
–	[illegible]	[illegible]	[illegible]	[illegible]	稟	禀
–	–	–	[illegible]	[illegible]	廩	廪

'곡식을 쌓아둔 모습' 또는 '곡식을 저장한 창고'를 표현한 글자임. 西周시대에 '禾(화)'뜻가 추가되면서 '稟(름)'이 파생되었고,[43] 장소를 강조한 '广(엄)'이 추가된 '廩(름)'도 파생됨.[44]

* 관련한자

商	西周	春秋戰國	秦	漢	韓國	中國
–	–	[illegible]	[illegible]	[illegible]	亶	亶
[illegible]	[illegible]	[illegible]	[illegible]	[illegible]	啚	啚
–	[illegible]	[illegible]	[illegible]	[illegible]	圖	图
[illegible]	[illegible]	[illegible]	[illegible]	[illegible]	嗇	啬

- 亶(믿음 단, dǎn) : '亩'뜻과 '旦(단)'소리이 합쳐져 '곡식이 많이 쌓인 모습'을 표현한 글자임. 여기에서 '두텁다', '믿음', '제단', '강단', '터' 등 의미로 引伸되자, '土(토)'뜻를 추가한 '壇(강단 단, tán)'이 파생됨.

– 祭壇(제단) 講壇(강단) 論壇(논단) 登壇(등단)

43) '稟(주다 품, bǐng)'은 '곡식을 나눠주다'라는 의미도 있음. 여기에서 '주다', '부여하다', '타고나다' 등 의미로 引伸됨. 예) 稟性/品性(품성), 氣稟/氣品(기품). '稟'은 선천적 자질, '品'은 후천적 자질.

44) 중국에서는 '禾(화)'가 '示(시)'로 변형된 이체자를 사용하고 있음.

• 啚(마을 비, bǐ) : '亩'[뜻]과 '口(구)'[뜻]가 합쳐져 '창고가 위치한 곳'을 표현한 글자임. 여기에서 '외곽', '변두리', '속되다' 등 의미로 引伸되자, '邑(읍)'[뜻]을 추가한 '鄙(마을 비, bǐ)'가 파생됨.

– 鄙陋(비루) 鄙見(비견)

• 圖(그림 도, tú) : '啚'[뜻]와 '囗(위/국)'[뜻]이 합쳐져 '창고를 둘러싼 주변 장소'를 표현한 글자임. 여기에서 '지도', '그림', '헤아리다', '꾀하다' 등 의미로 引伸됨.

– 圖案(도안) 圖謀(도모) 版圖(판도) 試圖(시도)

• 嗇(아끼다 색, sè) : '亩'[뜻]과 '來(래)'[뜻]가 합쳐져 '수확한 곡식을 창고에 쌓다'를 표현한 글자임. 여기에서 '수확', '곡식', '절약', '아끼다' 등 의미로 引伸되자, '禾(화)'[뜻]를 추가한 '穡(거두다 색, sè)'이 파생됨.

– 吝嗇(인색)

038. 里【마을 리, lǐ】

商	西周	春秋戰國	秦	漢	韓國	中國
–					里	里

‘田(전)’[뜻]과 ‘土(토)’[뜻]가 합쳐져 ‘농사지으며 정착한 곳’을 표현한 글자임. 여기에서 ‘사람이 있는 곳’, ‘마을’, ‘행정 구역 단위’, ‘거리를 재는 단위’ 등 의미로 引伸됨.

* 관련한자

商	西周	春秋戰國	秦	漢	韓國	中國
					野	野
–	–	–	–		埋	埋
–	–	–			理	理
–					裏	里

- 野(들판 야, yě) : ‘林(림)’[뜻]과 ‘土(토)’[뜻]가 합쳐져 ‘나무가 무성하게 자란 들판’을 표현한 글자임. 여기에서 ‘민간’, ‘시골’, ‘교외’, ‘야생’, ‘거칠다’, ‘서투르다’ 등 의미로 引伸됨. 秦代에 ‘里’[뜻]와 ‘予’[소리]의 구조로 변경되어 현재의 모양을 만듦.

– 野蠻(야만)　野生(야생)　野心(야심)　在野(재야)

- 埋(묻다 매, mái) : ‘土’[뜻]와 ‘里’[뜻]가 합쳐져 ‘땅에 파묻다’를 표현한 글자임.[45] 여기에서 ‘감추다’, ‘숨다’ 등 의미로 引伸됨.

– 埋沒(매몰)　埋葬(매장)　埋藏(매장)　埋伏(매복)

- 理(다스리다 리, lǐ) : ‘玉(옥)’[뜻]과 ‘里’[소리]가 합쳐져 ‘옥을 다듬다’를 표현한 글자임. 여기에서 ‘수선하다’, ‘이치’, ‘도리’, ‘깨닫다’ 등 의미로 引伸됨.

– 理解(이해)　理念(이념)　合理(합리)　窮理(궁리)

---

45) 漢代에 처음 보이는 글자이며, 秦代에는 ‘薶(메우다 매, mái)’를 사용하였음.

• 裏(속 리, lǐ) : '衣(의)'뜻와 '里'소리가 합쳐져 '옷의 안쪽'을 표현한 글자임. 여기에서 '속', '내부', '가슴속', '장소' 등 의미로 引伸됨. 좌우 구조 '裡'로 쓰기도 함.

– 裏面(이면)　腦裏(뇌리)　表裏(표리)　暗暗裏(암암리)

039. 离【떠나다 **리**, lí】

商	西周	春秋戰國	秦	漢	韓國	中國
					离	离

‘손잡이가 있는 도구로 새를 잡는 상황’을 표현한 글자임. 西周시대에 ‘새’ 대신 ‘林(림)’[소리]이 추가되었고, 손잡이 부분이 ‘禸(유)’로 변형되어 현재의 모양을 만듦. ‘떠나다’는 假借된 의미이며, 후에 ‘離(리)’가 파생됨.

* 관련한자

商	西周	春秋戰國	秦	漢	韓國	中國
					禽	禽
–	–	–			離	离
–	–				罕	罕

- 禽(새 금, qín) : ‘离’[뜻]와 ‘今(금)’[소리]이 합쳐져 ‘날짐승’을 표현한 글자임. 후에 ‘手(수)’[뜻]를 추가한 ‘擒(붙잡다 금, qín)’이 파생됨.

– 禽獸(금수) 家禽(가금) 猛禽(맹금) 七縱七擒(칠종칠금)

- 離(떠나다 리, lí) : ‘离’[뜻]와 ‘隹(추)’[뜻]가 합쳐져 ‘새를 잡다’를 표현한 글자임. ‘떠나다’, ‘떨어지다’, ‘흩어지다’는 假借된 것임.

– 離別(이별) 離婚(이혼) 距離(거리) 隔離(격리)

- 罕(드물다 한, hǎn) : ‘网(망)’[뜻]과 ‘干(간)’[소리]이 합쳐져 ‘새를 잡는 그물’을 표현한 글자임. ‘网’은 점차 ‘冗(망)’으로 변형되어 현재의 모양을 만듦. ‘드물다’는 假借된 것임.

– 稀罕(희한)

040. 粦【도깨비 불 **린**, lín】

商	西周	春秋戰國	秦	漢	韓國	中國
[illegible]	[illegible]	–	[illegible]	[illegible]	粦	粦

‘사람(大)’ 주위에 점을 찍어 ‘몸에서 발산하는 빛’을 표현한 글자임.46) 西周시대에 ‘舛(천)’뜻이 추가되었고, ‘大’와 네 개의 점이 합쳐져 ‘炎(염)’으로, 漢代에 다시 ‘米(미)’로 변형되어 현재의 모양을 만듦.

* 관련한자

商	西周	春秋戰國	秦	漢	韓國	中國
–	–	–	[illegible]	[illegible]	隣/鄰	邻
–	–	–	[illegible]	[illegible]	憐	怜
–	–	–	[illegible]	[illegible]	麟	麟
–	–	–	[illegible]	[illegible]	鱗	鳞

- 隣(이웃 린, lín) : ‘邑(읍)’뜻과 ‘粦’소리이 합쳐져 ‘행정 구획 단위’를 표현한 글자임.47) 여기에서 ‘이웃’, ‘근접하다’ 등 의미로 引伸됨.48)

– 隣近(인근) 隣接(인접) 善隣(선린)

- 憐(불쌍히 여기다 련, lián) : ‘心(심)’뜻과 ‘粦’소리이 합쳐져 ‘불쌍히 여기다’를 표현한 글자임. 여기에서 ‘어여삐 여기다’, ‘사랑하다’ 등 의미로 引伸됨.

– 憐憫(연민) 可憐(가련) 同病相憐(동병상련)

---

46) 사람이 죽은 후, 몸에서 빠져나온 인(燐)이 공기 중에서 스스로 점화된 현상으로 보는 견해가 있음.

47) 周나라의 행정 제도. 다섯 가구를 ‘鄰’이라 함.

48) 한국과 일본에서는 ‘隣’, 중국에서는 ‘鄰(邻)’으로 표기함.

• 麟(기린 린, lín) : '鹿(록)'[뜻]과 '粦'[소리]이 합쳐져 '상서로운 동물'을 표현한 글자임. 여기에서 '귀한 사람', '귀한 물건' 등 의미로 引伸됨.

– 麒麟(기린) 麒麟兒(기린아)

• 鱗(비늘 린, lín) : '魚(어)'[뜻]와 '粦'[소리]이 합쳐져 '물고기 비늘'을 표현한 글자임. 여기에서 '모든 동물의 표피', '작은 것' 등 의미로 引伸됨.

– 逆鱗(역린) 片鱗(편린)

041. 立【서다 **립**, lì】

商	西周	春秋戰國	秦	漢	韓國	中國
立	立	立	立	立	立	立

'사람(大)이 땅(一)위에 서 있는 모습'을 표현한 글자임. 여기에서 '(똑바로)서다', '세우다', '확립하다', '정해지다', '위치' 등 의미로 引伸됨.

* 관련한자

商	西周	春秋戰國	秦	漢	韓國	中國
-	-	位	位	位	位	位
竝	竝	竝	竝	竝	竝	并
-	-	-	拉	拉	拉	拉
-	-	-	粒	-	粒	粒
-	-	泣	泣	泣	泣	泣

- 位(자리 위, wèi) : '人(인)'뜻과 '立'뜻이 합쳐져 '사람이 서 있는 장소'를 표현한 글자임. 여기에서 '위치', '방위', '신분' 등 의미로 引伸됨.

– 位置(위치)　位相(위상)　優位(우위)　學位(학위)

- 竝(나란하다 병, bìng) : '두 사람이 나란히 서 있는 모습'을 표현한 글자임. 여기에서 '나란히 서다', '함께하다', '아우르다', '어울리다' 등 의미로 引伸됨. 후에 이체자 '並', '幷', '倂'이 만들어져 혼용되고 있음.

– 竝行(병행)　竝列(병렬)　竝設/倂設(병설)　竝記/倂記(병기)

- 拉(끌다 랍, lā) : '手(수)'뜻와 '立'소리이 합쳐져 '손으로 부러뜨리다'를 표현한 글자임. 여기에서 '끌다', '끌고 가다', '당기다' 등 의미로 引伸됨.

– 拉致(납치)　被拉(피랍)

• 粒(낟알 립, li) : '米(미)'[뜻]와 '立'[소리]이 합쳐져 '곡식의 알'을 표현한 글자임. 여기에서 '작다', '작은 물체' 등 의미로 引伸됨.

– 粒子(입자) 微粒(미립) 顆粒(과립)

• 泣(울다 읍, qi) : '水(수)'[뜻]와 '立'[소리]이 합쳐져 '소리 없이 눈물을 흘림'을 표현한 글자임.[49] 여기에서 '울다', '근심하다' 등 의미로 引伸됨.

– 泣訴(읍소) 泣斬馬謖(읍참마속)

---

49) 큰소리를 내어 우는 것은 '哭(곡)'이라 함.

042. 馬【말 마, mǎ】

商	西周	春秋戰國	秦	漢	韓國	中國
馬	馬	馬	馬	馬	馬	马

긴 얼굴과 갈기를 통해 ‘말’을 표현한 글자임.

* 관련한자

商	西周	春秋戰國	秦	漢	韓國	中國
–	–	駐	駐	駐	駐	驻
駁	–	駁	駁	–	駁	驳
–	–	–	驛	驛	驛	驿
–	–	–	罵	罵	罵	骂

- 駐(머무르다 주, zhù) : ‘馬’[뜻]와 ‘主(주)’[소리]가 합쳐져 ‘말이 머무르다’를 표현한 글자임. 여기에서 ‘멈추다’, ‘체류하다’ 등 의미로 引伸됨.

– 駐屯(주둔) 駐在(주재) 駐韓(주한) 常駐(상주)[50]

- 駁(반박하다 박, bó) : ‘馬’[뜻]와 ‘爻(효)’[소리]가 합쳐져 ‘무늬 또는 색깔이 뒤섞인 말’을 표현한 글자임. 여기에서 ‘뒤섞이다’, ‘혼란스럽다’, ‘반론하다’ 등 의미로 引伸됨.

– 反駁(반박) 論駁(논박) 面駁(면박) 甲論乙駁(갑론을박)

- 驛(정거장 역, yì) : ‘馬’[뜻]와 ‘睪(역)’[소리]이 합쳐져 ‘말을 갈아타는 곳’을 표현한 글자임. 여기에서 ‘정거장’으로 引伸됨

– 驛前(역전) 驛舍(역사) 終着驛(종착역)

- 罵(꾸짖다 매, mà) : ‘詈(꾸짖다 리)’[뜻]의 생략형과 ‘馬’[소리]가 합쳐져 ‘타인을 꾸짖다’를 표현한 글자임.[51]

– 罵倒(매도)

---

50) 정치, 군사, 외교 등의 목적을 위해서 어떠한 지역에 지속적으로 주둔, 또는 주재함.
51) 중국에서는 ‘网/罒(망)’이 두 개의 ‘口(구)’로 변형된 글자를 사용함.

043. 莫【없다 **막**, mò】

商	西周	春秋戰國	秦	漢	韓國	中國
					莫	莫

'日'[뜻]과 '茻(망)'[뜻]이 합쳐져 '초원에 해가 지는 상황'을 표현한 글자임. 여기에서 '저녁', '조용하다', '한적하다' 등 의미로 引伸됨. '없다', '말다' 등 의미는 假借된 것임.

* 관련한자

商	西周	春秋戰國	秦	漢	韓國	中國
–	–		–		暮	暮
–	–		–		寞	寞
–	–				幕	幕
–					慕	慕
–	–				墓	墓

• 暮(저녁 모, mù) : '日(일)'[뜻]과 '莫'[뜻/소리]가 합쳐져 '저녁'을 표현한 글자임. 여기에서 '시간이 늦다', '늙다', '마지막' 등 의미로 引伸됨.[52)]

– 歲暮(세모) 日暮途遠(일모도원) 朝秦暮楚(조진모초)

• 寞(고요하다 막, mò) : '宀(면)'[뜻]과 '莫'[뜻/소리]이 합쳐져 '날이 저물어 집안이 고요함'을 표현한 글자임. 여기에서 '어둡다', '쓸쓸하다' 등 의미로 引伸됨.

– 寂寞(적막) 索莫/索寞(삭막) 寞寞(막막)

• 幕(장막 막, mù) : '巾(건)'[뜻]과 '莫'[뜻/소리]이 합쳐져 '덮어씌우거나 가리는 용도의 천막'을 표현한 글자임. 여기에서 '연극', '배경', '은밀하게' 등 의미로 引伸됨.

– 閉幕(폐막) 幕間(막간) 幕後(막후) 內幕(내막)

---

52) 春秋戰國시대에는 '夕(석)'[뜻]을 추가한 '𦾖'을 사용하기도 했음.

• 慕(그리워하다 모, mù) : '心(심)'[뜻]과 '莫'[소리]이 합쳐져 '그리워하다'를 표현한 글자임. 여기에서 '본받다', '뒤를 따르다' 등 의미로 引伸됨.

– 追慕(추모) 思慕(사모) 戀慕(연모)

• 墓(무덤 묘, mù) : '土(토)'[뜻]와 '莫'[소리]이 합쳐져 '무덤'을 표현한 글자임.

– 墓地(묘지) 墓碑(묘비) 省墓(성묘)

044. 网【그물 **망**, wǎng】

商	西周	春秋戰國	秦	漢	韓國	中國
[illegible]	[illegible]	[illegible]	[illegible]	[illegible]	网	网
–	–	[illegible]	[illegible]	[illegible]	罔	罔
–	–	–	[illegible]	–	網	网

'좌우 두 개의 막대기에 그물을 덮어 씌워 짐승 또는 죄인을 잡는 그물'을 표현한 글자임. 여기에서 '사냥하다', '체포하다', '덮다', '조직' 등 의미로 引伸됨. 후에 '亡'소리이 추가된 '罔(없다 망, wǎng)'이 파생되었으나 '없다'라는 의미로 假借되자, 다시 '糸(멱)'뜻을 추가한 '網(그물 망, wǎng)'이 파생됨.

* 관련한자

商	西周	春秋戰國	秦	漢	韓國	中國
[illegible]	–	[illegible]	[illegible]	[illegible]	羅	罗
–	–	–	[illegible]	[illegible]	置	置
–	[illegible]	[illegible]	[illegible]	[illegible]	罰	罚
–	–	[illegible]	[illegible]	[illegible]	詈	詈

- 羅(펼치다 라, luó) : '网'뜻과 '隹(추)'뜻가 합쳐져 '새를 잡는 그물'을 표현한 글자임. 여기에서 '일을 계획하다', '벌여 놓다' 등 의미로 引伸됨. 春秋戰國시대에 '糸(멱)'뜻을 추가하여 현재의 모양을 만듦.

– 羅列(나열) 網羅(망라) 門前雀羅(문전작라)

- 置(두다 치, zhì) : '网'뜻과 '直(직)'소리이 합쳐져 '그물을 펼쳐두다'를 표현한 글자임. 여기에서 '차려 놓다', '설치하다', '내버려 두다' 등 의미로 引伸됨.

– 置重(치중) 倒置(도치) 設置(설치) 且置(차치)

• 罰(벌하다 벌, fá) : ‘詈(리)’뜻와 ‘刀(도)’뜻가 합쳐져 ‘죄인을 벌하다’를 표현한 글자임.53)

– 罰則(벌칙) 處罰(처벌) 賞罰(상벌) 懲罰(징벌)

53) ‘詈(꾸짖다 리, lì)’는 ‘网’뜻과 ‘言’뜻이 합쳐져 ‘죄를 추궁하다’를 표현한 글자임.

045. 免【벗어나다 **면**, miǎn】

商	西周	春秋戰國	秦	漢	韓國	中國
					免	免

‘모자를 쓴 사람’을 표현한 글자임. 本義는 ‘모자’이며, ‘벗어나다’, ‘면하다’ 등 의미는 假借된 것임.

* 관련한자

商	西周	春秋戰國	秦	漢	韓國	中國
–	–				冕	冕
–	–				勉	勉
–	–	–			晚	晚
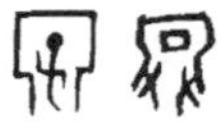	–			–	娩	娩

• 冕(모자 면, miǎn) : ‘冃(모)’[뜻]와 ‘免’[뜻/소리]이 합쳐져 파생된 글자임.

– 免除(면제) 赦免(사면) 免役(면역) 冕旒冠(면류관)

• 勉(힘쓰다 면, miǎn) : ‘力(력)’[뜻]과 ‘免’[소리]이 합쳐져 ‘힘쓰다’를 표현한 글자임. 여기에서 ‘권하다’, ‘강요하다’ 등 의미로 引伸됨.

– 勉學(면학) 勉勵(면려) 勤勉(근면) 勸勉(권면)

• 晚(늦다 만, wǎn) : ‘日(일)’[뜻]과 ‘免’[소리]이 합쳐져 ‘저녁’을 표현한 글자임. 여기에서 ‘늦다’, ‘게으르다’, ‘늙다’ 등 의미로 引伸됨.

– 晚餐(만찬) 晚年(만년) 早晚間(조만간) 大器晚成(대기만성)

• 娩(낳다 만, miǎn) : 商代에는 ‘자궁 안의 아기’, ‘두 손으로 자궁 속의 아기를 꺼내는 모습’을 표현한 것으로 추정됨. 春秋戰國시대에는 ‘자궁’의 생략형과 ‘子’가 합쳐진 구조이며, 秦代에 ‘子(자)’[뜻]와 ‘免’[소리]이 합쳐진 구조로 변경됨. 漢代 이후에 ‘子’가 ‘女’로 바뀌면서 현재의 모양을 만듦.

– 分娩(분만)

046. 皿【그릇 **명**, mǐn】

商	西周	春秋戰國	秦	漢	韓國	中國
					皿	皿
					血	血

'皿'은 입구가 넓고 다리가 있는 그릇'을 표현한 글자임. '血(혈)'은 '제사 때 짐승의 피(ㅇ)를 그릇에 담아 바친 상황'을 표현한 글자임. 'ㅇ'가 점차 짧은 가로획으로 변형되어 현재의 모양을 만듦. 두 글자는 모양이 유사해 혼용되는 경우가 있음.

* 관련한자

商	西周	春秋戰國	秦	漢	韓國	中國
					孟	孟
–					盛	盛
	–				盡	尽
					盟	盟

- 孟(처음 맹, mèng) : '子(자)'뜻와 '皿'뜻이 합쳐져 '갓 태어난 아기를 목욕시키는 상황'을 표현한 글자임. 태어나서 제일 먼저 해야 하는 행위이기에 '처음', '시작', '맏이' 등으로 引伸됨.

– 孟夏(맹하) 孟冬(맹동) 孟浪(맹랑)

- 盛(담다 성/성대하다 성, chéng/shèng) : '皿'뜻과 '成(성)'소리이 합쳐져 '담다'를 표현한 글자임. 여기에서 '가득', '많다', '풍성' 등 의미로 引伸됨.

– 茂盛(무성) 旺盛(왕성) 隆盛(융성) 盛需期(성수기)

- 盡(다하다 진, jìn) : '수세미를 들고 빈 그릇을 씻는 상황'을 표현한 글자임. '빈 그릇'에서 '다하다', '없다', '끝나다' 등 의미로 引伸됨. '수세미' 아래쪽이 점차 '火(화)'로 변형되어 현재의 모양을 만듦.

– 賣盡(매진) 極盡(극진) 未盡(미진) 無盡藏(무진장)

• 盟(맹세 맹, méng) : 商代에는 '血'을 '맹세하다'로 사용했음. 후에 '囧(경)'[소리]이 추가되었고, '囧'이 다시 '朙/明(명)'으로 바뀌어 현재의 모양을 만듦. 本義는 '(피로)약속하다'이며, 여기에서 '비슷한 사람끼리의 모임', '집단', '구역' 등 의미로 引伸됨.

– 盟誓(맹세)　聯盟(연맹)　加盟(가맹)　血盟(혈맹)

047. 冃【모자 **모**, mào】

商	西周	春秋戰國	秦	漢	韓國	中國
–	–	–		–	冃	冃

'머리에 쓰는 모자'를 표현한 글자임. 생략형 '冂'로 쓰기도 함.

* 관련한자

商	西周	春秋戰國	秦	漢	韓國	中國
					冒	冒
	–				冠	冠
–	–	–			最	最
					曼	曼

• 冒(무릅쓰다 모, mào) : '冃'[뜻]와 '目(목)'[뜻]이 합쳐져 '천으로 머리 혹은 얼굴을 덮다'를 표현한 글자임.[54] 여기에서 '가리다', '짊어지다', '거짓으로 대다', '무릅쓰다' 등 의미로 引伸됨. 후에 '巾(건)'[뜻]을 추가한 '帽(모자 모)'가 파생됨.
– 冒瀆(모독) 冒險(모험) 冒頭發言(모두발언) 帽子(모자)

• 冠(모자 관, guān) : '冃'[뜻]와 '元(원)'[뜻]이 합쳐져 '머리에 모자를 쓰고 있는 모습'을 표현한 글자임. 秦代에 '寸(촌)'이 추가되었고, '冃'가 '冖(멱)'으로 변형되어 현재의 모양을 만듦.
– 冠禮(관례) 冠詞(관사) 衣冠(의관) 冠婚喪祭(관혼상제)

• 最(최고 최, zuì) : '冃'[뜻]와 '取(취)'[소리]가 합쳐져 '가장 뛰어난 것'을 표현한 글자로 추정됨. 여기에서 '제일', '우두머리', '중요하다' 등 의미로 引伸됨.
– 最善(최선) 最適(최적) 最終(최종) 最惡(최악)

---

54) 사람의 '머리' 또는 '얼굴'만 따로 표현하기 어려워 '눈'으로 대체하였음.

• 曼(길게 늘이다 만, màn) : '爪(조)'뜻와 '又(우)'뜻, 그리고 '目(목)'뜻이 합쳐져 '두 손으로 눈을 벌리는 모습'을 표현한 글자임. 여기에서 '길게 늘이다', '길다', '멀다', '부드럽다', '곱다' 등 의미로 引伸됨.[55] 西周시대에 '冃'소리가 추가되고, '爪'는 생략되면서 현재의 모양을 만듦.

– 蔓延(만연) 怠慢(태만) 慢性(만성) 散漫(산만) 漫評(만평)

55) '曼'을 뜻 혹은 소리로 사용하는 글자들은 그 의미가 유사함.

048. 目【눈 목, mù】

商	西周	春秋戰國	秦	漢	韓國	中國
					目	目

‘정면에서 바라본 사람의 눈’을 표현한 글자이며, 점차 세로로 방향이 바뀌어 현재의 모양을 만듦. ‘사람의 눈’에서 ‘안목’, ‘견해’, ‘제목’, ‘요점’ 등 의미로 引伸됨.

* 관련한자

商	西周	春秋戰國	秦	漢	韓國	中國
–	–	–		–	眼	眼
–	–				盲	盲
–	–			–	瞑	瞑
–	–	–	–	–	眠	眠
–				–	看	看

- 眼(눈 안, yǎn) : ‘目(목)’[뜻]과 ‘艮(간)’[소리]이 합쳐져 ‘(신체부위)눈’을 표현한 글자임. 여기에서 ‘안목’, ‘요점’, ‘구멍’ 등 의미로 引伸됨.

– 血眼(혈안) 主眼點(주안점) 慧眼(혜안) 瞥眼間(별안간)

- 盲(눈멀다 맹, máng) : ‘目’[뜻]과 ‘亡(망)’[뜻/소리]이 합쳐져 ‘눈이 멀다’를 표현한 글자임. 여기에서 ‘(사리에)어둡다’, ‘무지하다’ 등 의미로 引伸됨.

– 盲信(맹신) 盲目的(맹목적) 盲點(맹점) 文盲(문맹)

- 瞑(눈 감다 명, míng) : 눈의 반쪽을 검게 칠하여 ‘눈을 감다’를 표현한 글자임. 여기에서 ‘잠자다’, ‘죽다’ 등 의미로 引伸됨. 秦代에 ‘目’[뜻]과 ‘冥(어둡다 명)’[뜻/소리]의 구조로 바뀌어 현재의 모양을 만듦.

– 瞑眩(명현) 瞑想/冥想(명상)

• 眠(잠 자다 면, miǎn) : ‘目’뜻과 ‘民(민)’소리이 합쳐져 ‘잠을 자다’를 표현한 글자임.[56] 여기에서 ‘쉬다’, ‘시들다’ 등 의미로 引伸됨.

– 冬眠(동면) 催眠(최면) 熟眠(숙면) 休眠(휴면)

• 看(보다 간, kàn) : ‘目’뜻과 ‘㫃(언)’소리 또는 ‘倝(간)’소리이 합쳐져 ‘보다’를 표현한 글자임. 秦代에 ‘手(수)’뜻와 ‘目’뜻의 구조로 변형되어 ‘눈 위에 손을 대고 멀리 바라보다’, ‘대충보다’ 등 의미로 引伸됨.

– 看做(간주) 看過(간과) 看破(간파) 看護(간호)

---

56) 漢代 이후에 ‘瞑’에서 소리를 바꿔 파생된 글자로 추정됨.

049. 文【글월 문, wén】

商	西周	春秋戰國	秦	漢	韓國	中國
文	文	文	文	文	文	文

'사람 가슴에 문신한 모양'을 표현한 글자임. 여기에서 '무늬', '글자', '학문', '법도' 등 의미로 引伸됨.

* 관련한자

商	西周	春秋戰國	秦	漢	韓國	中國
–	–	–	–	紋	紋	纹
–	–	–	紊	–	紊	紊
吝	–	吝	吝	吝	吝	吝

- 紋(무늬 문, wén) : '糸(멱)'[뜻]과 '文'[뜻/소리]이 합쳐져 '실로 짜서 나타낸 무늬'를 표현한 글자이며, 여기에서 '무늬', '문채', '주름' 등 의미로 引伸됨.

– 紋樣(문양) 指紋(지문) 波紋(파문) 花紋席(화문석)

- 紊(어지럽다 문, wěn) : '糸(멱)'[뜻]과 '文'[뜻/소리]이 합쳐져 '실이 엉키다'를 표현한 글자임. 여기에서 '어지럽다', '문란하다' 등 의미로 引伸됨.

– 紊亂(문란)

- 吝(아끼다 린, lìn) : '口(구)'[뜻]와 '文'[소리]이 합쳐져 '아까워하다'를 표현한 글자임. 여기에서 '소중히 여기다', '인색하다' 등 의미로 引伸됨.

– 貪吝(탐린) 改過不吝(개과불린)

050. 門【문짝 **문**, mén】

商	西周	春秋戰國	秦	漢	韓國	中國
					門	门

‘두 개의 문짝으로 만들어진 대문’을 표현한 글자임. 여기에서 ‘출입문’, ‘집안’, ‘문벌’, ‘방법’, ‘방도’, ‘분야’ 등 의미로 引伸됨.

* 관련한자

商	西周	春秋戰國	秦	漢	韓國	中國
–	–				問	问
					間	间
–		–			閑	闲
–					閉	闭

• 問(묻다 문, wèn) : ‘口(구)’[뜻]와 ‘門’[소리]이 합쳐져 ‘질문하다’를 표현한 글자임. 여기에서 ‘안부를 묻다’, ‘찾다’ 등 의미로 引伸됨.

– 問責(문책) 問病(문병) 審問(심문) 顧問(고문)

• 間(사이 간, jiān/jiàn) : ‘門’[뜻]과 ‘月(월)’[뜻]이 합쳐져 ‘문틈 사이로 달이 보이는 상황’을 표현한 글자임. 여기에서 ‘공간(시간)이 생기다’, ‘벌어지다’, ‘헐뜯다’ 등 의미로 引伸됨. ‘月’이 점차 ‘門’안쪽으로 이동되었고, 漢代에 ‘月’이 ‘日’로 바뀌면서 현재의 모양을 만듦. 현재 ‘시간이 생기다’는 ‘閒(한, xián)’, ‘틈’, ‘사이’는 ‘間’으로 구분함.

– 間隔(간격) 間歇(간헐) 離間(이간) 瞬間(순간)

• 閑(한가하다 한, xián) : ‘門’[뜻]과 ‘木(목)’[뜻]이 합쳐져 ‘문 사이에 나무를 질러 막은 상황’을 표현한 글자임. 本義는 사라지고, 현재 ‘閒’으로 假借됨.

– 閑散(한산) 閑暇(한가) 閑良(한량) 等閑視(등한시)

• 閉(닫다 폐, bì) : '門'[뜻]과 '才(재)'[소리]가 합쳐져 '문을 잠그다'를 표현한 글자임.[57] 여기에서 '막다', '감추다' 등 의미로 引伸됨.

- 閉鎖(폐쇄) 閉幕(폐막) 密閉(밀폐) 隱閉(은폐)

57) '才'는 '자물쇠' 모양, 혹은 '材(재)'의 초기 모양 등 견해가 있음.

051. 米【쌀 미, mǐ】

商	西周	春秋戰國	秦	漢	韓國	中國
米	米	米	米	米	米	米

'곡물의 낱알'을 표현한 글자임.[58] 여기에서 '쌀', '곡식' 등 의미로 引伸됨. 길이 단위 '미터(meter)'는 假借된 것임.

* 관련한자

商	西周	春秋戰國	秦	漢	韓國	中國
–	–	料	料	料	料	料
–	–	精	精	精	精	精
–	–	–	粗	–	粗	粗
–	–	–	餼 氣	氣	氣	气

• 料(헤아리다 료, liào) : '米'[뜻]와 '斗(두)'[뜻]가 합쳐져 '쌀의 양을 재는 상황'을 표현한 글자임. 여기에서 '헤아리다', '계산하다', '세다', '값', '재료' 등 의미로 引伸됨.

– 料量(요량) 資料(자료) 燃料(연료) 手數料(수수료)[59]

• 精(정성 정, jīng) : '米'[뜻]와 '靑(청)'[소리]이 합쳐져 '곡식을 찧어서 깨끗이 하다'를 표현한 글자임. 여기에서 '정성스럽다', '깨끗하다', '우수하다', '세밀하다' 등 의미로 引伸됨.

– 精誠(정성) 精巧(정교) 精算(정산) 精髓(정수)

• 粗(거칠다 조, cū) : '米'[뜻]와 '且(조)'[소리]가 합쳐져 '겉겨를 벗겨 내다'를 표현한 글자임. 여기에서 '거칠다', '대충', '대략' 등 의미로 引伸됨.

– 粗雜(조잡) 粗惡(조악)

58) 중간의 가로획(一)은 곡물의 껍질을 거르는 '(농기구)체'라는 설이 있음.
59) 일본 한자어.

• 氣(기운 기, qì) : '米'[뜻]와 '气(기)'[소리]가 합쳐져 '(음식을)보내다'를 표현한 글자임. 후에 '구름의 흐름'으로 假借되었고, 여기에서 다시 '기세', '힘', '공기', '날씨' 등 의미로 引伸됨.[60)]

– 氣象(기상) 氣質(기질) 霸氣(패기) 景氣(경기)

60) 후에 '食(식)'[뜻]을 추가한 '餼(보낼 희)'가 파생됨.

052. 𢼸【작다 미, wēi】

商	西周	春秋戰國	秦	漢	韓國	中國
𢼸	𢼸	𢼸	𢼸	-	𢼸	𢼸

‘攴(복)’[뜻]과 ‘𡵂(미)’[소리]가 합쳐져 ‘작다’, ‘적다’를 표현한 글자로 추정됨.

* 관련한자

商	西周	春秋戰國	秦	漢	韓國	中國
-	-	-	微	微	微	微
-	-	-	徽	徽	徽	徽
徵	徵	-	徵	徵	徵	征

- 微(작다 미, wēi) : ‘彳(척)’[뜻]과 ‘𢼸’[뜻/소리]가 합쳐져 ‘작다’, ‘적다’를 표현한 글자로 추정됨. 여기에서 ‘어렴풋하다’, ‘미약하다’, ‘정교하다’ 등 의미로 引伸됨.

– 微妙(미묘) 微細(미세) 微視(미시) 幾微(기미)

- 徽(표기 휘, huī) : ‘糸(멱)’[뜻]과 ‘微’[소리]의 생략형이 합쳐져 ‘끈’을 표현한 글자임. 여기에서 ‘묶다’, ‘표기하다’ 등 의미로 引伸됨.

– 徽章(휘장) 安徽省(안휘성)[61]

- 徵(징집 징/음률 이름 치, zhēng/zhǐ) : ‘微’[뜻]의 생략형과 ‘壬(정)’[소리]이 합쳐져 ‘소환하다’, ‘부르다’를 표현한 글자로 추정됨. 여기에서 ‘거두다’, ‘증명하다’, ‘현상’ 등 의미로 引伸됨. ‘음률 이름’은 假借된 것임.

– 徵兵(징병) 徵收(징수) 徵候(징후) 特徵(특징) 宮商角徵羽(궁상각치우)

---

61) 중국 양자강 하류에 있는 省이며, 성도(省都)는 合肥(합비)임.

053. 反【반복하다 **반**, fǎn】

商	西周	春秋戰國	秦	漢	韓國	中國
反	反	反	反	反	反	反

‘又(우)’와 ‘厂(엄)’이 합쳐져 ‘손으로 언덕을 기어오르는 모습’을 표현한 글자임. 여기에서 ‘(오르려고)잡아당기다’, ‘반복하다’, ‘뒤엎다’, ‘어긋나다’ 등 의미로 引伸됨.

* 관련한자

商	西周	春秋戰國	秦	漢	韓國	中國
–	–	返	返	–	返	返
–	–	–	叛	–	叛	叛
–	–	飯	飯	飯	飯	饭
–	–	板	板	板	板	板

• 返(돌아오다 반, fǎn) : ‘辵(착)’[뜻]과 ‘反’[뜻/소리]이 합쳐져 ‘되돌아오다’를 표현한 글자임. 여기에서 ‘돌이키다’, ‘돌려보내다’, ‘바꾸다’ 등 의미로 引伸됨.
– 返戾(반려) 返還(반환) 返納(반납) 返品(반품)

• 叛(배반하다 반, pàn) : ‘反’[뜻]과 ‘半(반)’[뜻/소리]이 합쳐져 ‘분리되다’를 표현한 글자임. 여기에서 ‘어긋나다’, ‘배반하다’ 등 의미로 引伸됨.
– 背叛(배반) 叛逆(반역) 叛亂(반란)

• 飯(밥 반, fàn) : ‘食(식)’[뜻]과 ‘反’[소리]이 합쳐져 ‘밥’을 표현한 글자임. 여기에서 ‘먹다’, ‘먹이다’, ‘일상’ 등 의미로 引伸됨.
– 飯饌(반찬) 飯酒(반주) 茶飯事(다반사)

• 板(널빤지 판, bǎn) : ‘木(목)’과 ‘反’[소리]이 합쳐져 ‘얇고 넓적한 나무판’을 표현한 글자임. 秦代에 ‘木’이 ‘片(조각 편)’[뜻]으로 바뀐 ‘版(판목 판, bǎn)’이 파생됨.[62]
– 看板(간판) 懸板(현판) 出版(출판) 版權(판권)

62) ‘版’은 주로 그림이나 글씨 따위를 새기어 찍음 뜻함.

054. 凡【평범하다 **범**, fán】

商	西周	春秋戰國	秦	漢	韓國	中國
					凡	凡

‘나무로 만든 쟁반’ 또는 ‘담가(擔架)’를 표현한 글자로 추정됨.[63] ‘보통’, ‘모두’ 등 의미는 假借된 것임.

* 관련한자

商	西周	春秋戰國	秦	漢	韓國	中國
–	–	–			泛	泛
–	–	–			汎	泛
–	–	–			氾	泛
					同	同
–	–				風	风
–		–			佩	佩

- 泛(물에 뜨다 범, fàn) : ‘水(수)’[뜻]와 ‘乏(핍)’[소리]이 합쳐져 ‘물에 뜨다’를 표현한 글자임. 여기에서 ‘이곳저곳’, ‘보편’, ‘넓다’, ‘허무’ 등 의미로 引伸됨.
- 汎(물에 뜬 모양 범, fàn) : ‘水(수)’[뜻]와 ‘凡(범)’[소리]이 합쳐져 ‘물에 뜬 모양’을 표현한 글자임.
- 氾(물 넘치다 범, fàn) : ‘水(수)’[뜻]와 ‘㔾’[소리]이[64] 합쳐져 ‘물이 넘치다’를 표현한 글자임.

– 大泛/大汎(대범) 泛論/汎論(범론) 汎濫/氾濫(범람)

* 이상 세 글자는 뜻과 소리가 유사하여 혼용되고 있음.[65]

---

63) ‘쟁반’과 ‘담가’는 원래 다른 글자이나 모양이 서로 유사하여 혼용된다는 견해도 있음.

64) ‘妃(비)’, ‘配(비)’, ‘範(범)’, ‘犯(범)’ 등에 사용된 소리 요소와 그 기원이 같음. 원래의 모양은 없어지고, ‘己(기)’, ‘已(이)’, ‘㔾(절)’, ‘巴(파)’로 변형되면서 소리 기능을 상실했음.

• 同(같다 동, tóng) : '凡'[뜻]과 '口(구)'[뜻]가 합쳐져 '구령에 맞춰 함께 단가를 들어 올리는 상황'을 표현한 글자임. 여기에서 '함께', '합치다', '같다' 등 의미로 引伸됨.

– 同胞(동포) 混同(혼동) 協同(협동) 同期化(동기화)

• 風(바람 풍, fēng) : '鳳(봉)'에서 파생된 글자임. 봉황의 꼬리 부분이 변형된 '虫(훼/충)'[뜻]과 '凡'[소리]이 합쳐진 글자임. '바람'은 假借된 것이며, 여기에서 '빠르다', '유행', '습속', '경치' 등 의미로 引伸됨.

– 風潮(풍조) 風聞(풍문) 颱風(태풍) 中風(중풍)

• 佩(지니다 패, pèi) : '人(인)'[뜻]과 '巾(건)'[뜻], 그리고 '凡'[소리]이 합쳐져 '사람 몸에 걸치는 장식물'을 표현한 글자임. 여기에서 '차다', '달다', '지니다' 등 의미로 引伸됨.

– 佩物(패물) 佩用(패용)

---

65) 중국에서는 '泛'으로 통일함.

055. 辡【따지다 **변**, biàn】

商	西周	春秋戰國	秦	漢	韓國	中國
–	–	–	辡	–	辡	辡

두 개의 辛(신)이 합쳐져 '서로의 잘잘못을 따지는 재판'을 표현한 글자로 추정됨.66) '辡'이 포함된 글자는 주로 '분별하다', '구분하다', '처리하다' 등 의미로 사용됨.

* 관련한자

商	西周	春秋戰國	秦	漢	韓國	中國
–	–	辯	辯	辯	辯	辩
–	辨	辨	辨	辨	辨	辨
–	–	–	辮	辮	辮	辫
–	–	–	辦	–	辦	办

• 辯(말 잘하다 변, biàn) : '言(언)'뜻과 '辡'뜻/소리이 합쳐져 '말을 잘하다'를 표현한 글자임. 여기에서 '말하다', '논쟁하다' 등 의미로 引伸됨.

– 辯護(변호) 言辯(언변) 代辯(대변) 詭辯(궤변)

• 辨(분별하다 변, biàn) : '刀(도)'뜻와 '辡'뜻/소리이 합쳐져 '칼로 명확하게 나누다'를 표현한 글자임. 여기에서 '구별하다', '분별하다', '명백하다' 등 의미로 引伸됨.

– 辨別(변별) 辨明(변명) 辨濟(변제) 辨理士(변리사)

• 辮(땋다 변, biàn) : '糸(멱/사)'뜻와 '辡'뜻/소리이 합쳐져 '섞어 짜다', '땋다'를 표현한 글자임.

– 辮髮(변발)67)

---

66) 원래 두 개의 '䇂'(허물 건)이 합쳐진 것이며, 후에 '辛'으로 변형된 것이라는 견해도 있음.
67) 중국의 유목민족 사이에서 유행하던 머리를 땋는 방식의 하나. 남자 머리털의 둘레를 빤빤히

• 辦(일하다 판, bàn) : '力(력)'[뜻]과 '辡'[뜻/소리]이 합쳐져 '힘써 처리하다'를 표현한 글자임.

– 辦公費(판공비)

밀고 가운데의 머리털을 땋아서 뒤로 늘어뜨림.

056. 甫【크다 보, fǔ】

商	西周	春秋戰國	秦	漢	韓國	中國
					甫	甫
					圃	圃

‘田(전)’뜻과 ‘屮(철)’뜻이 합쳐져 ‘밭에 싹이 자라고 있는 모습’을 표현한 글자임. ‘田’이 ‘用(용)’으로 변형되었고, ‘屮’이 ‘父(부)’소리로 바뀌어 현재의 모양을 만듦. 本義 ‘채소 밭’에서 ‘남자의 美稱(미칭)’, ‘아버지’, ‘크다’ 등 의미로 假借되자, ‘囗(위/국)’뜻을 추가한 ‘圃(채소밭 포, pǔ)’가 파생됨.

* 관련한자

商	西周	春秋戰國	秦	漢	韓國	中國
–	–	–			捕	捕
–					鋪	铺
–	–	–			補	补
–					輔	辅

• 捕(붙잡다 포, bǔ) : ‘手(수)’뜻와 ‘甫’소리가 합쳐져 ‘손으로 붙잡다’를 표현한 글자임. 여기에서 ‘찾다’, ‘사로잡다’ 등 의미로 引伸됨.

– 捕捉(포착) 捕虜(포로) 逮捕(체포) 生捕(생포)

• 鋪(가게 포, pū) : ‘金(금)’뜻과 ‘甫’소리가 합쳐져 ‘금전이 사용되는 상점’을 표현한 글자임. 여기에서 ‘늘어놓다’, ‘펴다’, ‘상점’ 등 의미로 引伸됨.

– 店鋪(점포) 典當鋪(전당포) 道路鋪裝(도로포장)

• 補(돕다 보, bǔ) : ‘衣(의)’뜻와 ‘甫’소리가 합쳐져 ‘옷의 해어진 곳을 꿰매다’를 표현한 글자임. 여기에서 ‘돕다’, ‘꾸미다’, ‘보태다’ 등 의미로 引伸됨.

– 補償(보상) 補塡(보전) 補完(보완) 候補(후보)

• 輔(돕다 보, bǔ) : '車(거/차)'[뜻]와 '甫'가 합쳐져 '수레의 양쪽 가장자리에 덧대는 나무'를 표현한 글자임. 여기에서 '돕다'로 引伸됨.

– 輔弼(보필) 輔佐(보좌)[68]

68) 한국과 일본에서는 '輔佐'와 '補佐' 모두 사용하지만, 중국에서는 '輔佐'만 사용함.

057. 复【돌아오다 **복**/다시 **부**, fù】

商	西周	春秋戰國	秦	漢	韓國	中國
[illegible]	[illegible]	[illegible]	[illegible]	-	复	复

‘주거지(亞)’와 ‘夂(치)’가 합쳐져 ‘주거지에 수시로 출입하다’를 표현한 글자임. 여기에서 ‘반복하다’, ‘돌아오다’ 등 의미로 引伸됨.

* 관련한자

商	西周	春秋戰國	秦	漢	韓國	中國
-	[illegible]	[illegible]	[illegible]	[illegible]	復	复
-	-	[illegible]	[illegible]	[illegible]	複	复
-	-	-	[illegible]	[illegible]	覆	覆
[illegible]	-	[illegible]	[illegible]	[illegible]	腹	腹

- 復(돌아오다 복/다시 부, fù) : ‘彳(척)’뜻과 ‘复’뜻/소리이 합쳐져 파생된 글자임.

– 復興(부흥) 復活(부활) 回復(회복) 反復(반복)

- 複(겹치다 복, fù) : ‘두 벌의 옷을 겹친 모습’을 표현한 글자임. 여기에서 ‘겹치다’, ‘거듭되다’ 등 의미로 引伸됨. 秦代에 ‘衣(의)’뜻와 ‘复’뜻/소리이 합쳐진 구조로 변경됨.[69)]

– 複製(복제) 複雜(복잡) 複數(복수) 重複(중복)

- 覆(뒤집히다 복, fù) : ‘襾/覀(덮다 아)’뜻와 ‘复’소리이 합쳐져 ‘(뚜껑을)덮다’를 표현한 글자임. 여기에서 ‘뒤집다’, 엎어지다’, ‘넘어지다’ 등으로 引伸됨.

– 覆面(복면) 覆蓋(복개) 顚覆(전복) 飜覆(번복)

- 腹(배 복, fù) : ‘배가 불룩한 사람’과 ‘复’소리이 합쳐져 ‘(사람의)배’를 표현한 글자임. 여기에서 ‘속마음’, ‘가운데’ 등 의미로 引伸됨. 春秋戰國시대에 배가 불룩한 사람이 ‘月(肉)’으로 바뀌면서 현재의 모양을 만듦.

– 腹案(복안) 空腹(공복) 心腹(심복) 異腹(이복)

---

69) 중국에서는 ‘復’과 ‘複’을 모두 ‘复’으로 통일함.

058. 丰【풍성하다 **봉/풍**, fēng】

商	西周	春秋戰國	秦	漢	韓國	中國
					丰	丰

'나무 또는 싹이 풍성하게 자란 모양'을 표현한 글자임.70) 여기에서 '풍성하다', '무성하다' 등 의미로 引伸됨.

* 관련한자

商	西周	春秋戰國	秦	漢	韓國	中國
					封	封
–					邦	邦
–	–	–	–	–	幫/幇	帮

• 封(봉하다 봉, fēng) : '丰'[뜻]과 '又(우)'[뜻]가 합쳐져 '흙을 쌓고 나무를 심다'를 표현한 글자임. 여기에서 '쌓다', '높이다', '국경', '봉읍(封邑)', '부착하다', '편지' 등 의미로 引伸됨. '丰'은 점차 '土(토)'의 중복형으로 변형되었고, '又'는 '寸(촌)'으로 바뀌어 현재의 모양을 만듦.

– 封鎖(봉쇄) 封建(봉건) 開封(개봉) 金一封(금일봉)

• 邦(나라 방, bāng) : '丰'[뜻]과 '邑(읍)'[뜻]이 합쳐져 '영토에 경계를 세워 나눠진 국가'를 표현한 글자임.

– 友邦(우방) 聯邦(연방) 異邦(이방) 盟邦(맹방)

• 幫(돕다 방, bāng) : '帛(백)'[뜻]과 '封'[소리]이 합쳐져 '신발 테두리'를 표현한 글자임.71) 여기에서 '보호하다', '돕다', '무리', '단체' 등 의미로 引伸됨. 후에 '帛'이 의미가 유사한 '巾(건)'으로 바뀌면서 '幇(방)'이 파생됨.

– 幫助/幇助(방조) 四人幇(사인방)72)

---

70) '封'의 초기 형태로 보는 견해도 있음.
71) 漢代 이후에 만들어진 글자로 추정됨.
72) 중국에서 마오쩌둥이 죽은 뒤에 정권 탈취를 기도했다는 죄목으로 1976년에 체포되어 실각한 江靑, 王洪文, 張春橋, 姚文元 네 사람을 이르는 말.

059. 夆【만나다 **봉**, féng】

商	西周	春秋戰國	秦	漢	韓國	中國
					夆	夆

'丰(봉/풍)'뜻과 '夂(치)'뜻가 합쳐져 '나무 심은 곳에 가보다' 또는 '봉읍(封邑)에 가다'를 표현한 글자임.73) 여기에서 '만나다'로 引伸됨.

* 관련한자

商	西周	春秋戰國	秦	漢	韓國	中國
	–				逢	逢
–	–	–		–	峰/峯	峰
					奉	奉

• 逢(만나다 봉, féng) : '辵(착)'뜻과 '夆'뜻/소리이 합쳐져 '만나다'를 표현한 글자임. 여기에서 '맞이하다', '영접하다' 등 의미로 引伸됨.

– 逢着(봉착) 逢變(봉변) 相逢(상봉)

• 峰(봉우리 봉, fēng) : '山(산)'뜻과 '夆'소리이 합쳐져 '산의 꼭대기'를 표현한 글자임. 여기에서 '산', '꼭대기' 등 의미로 引伸됨. 漢代 이후 좌우구조로 바뀐 '峰'이 만들어짐.

– 巨峰/巨峯(거봉) 最高峰/最高峯(최고봉)

• 奉(받들다 봉, fèng) : '廾(공)'뜻과 '夆'소리이 합쳐져 '사람이 두 손으로 물건을 받들다'를 표현한 글자임.74) 여기에서 '섬기다', '기르다', '돕다', '대우하다', '제공하다' 등 의미로 引伸됨. 후에 '받들다'를 강조하기 위해 '手(수)'뜻를 추가한 '捧(받들다 봉, pěng)'이 파생되었고75), '주다'를 강조하기 위해 '人(인)'뜻을 추가한 '俸(급여 봉, fèng)'이 파생됨.

– 奉養(봉양) 奉仕(봉사) 奉職(봉직) 信奉(신봉)

– 俸給(봉급) 年俸(연봉) 薄俸(박봉) 減俸(감봉)

---

73) '封'의 초기 형태이며, 그 의미는 '봉읍(封邑)'으로 볼 수 있음.

74) 商代에는 사람을 구체적으로 표현하였음.

75) 주로 중국에서 사용함.

060. 尃【펴다 **부**, fū】

商	西周	春秋戰國	秦	漢	韓國	中國
–					尃	尃

‘又(우)’[뜻]와 ‘甫(보)’[뜻/소리]가 합쳐진 형태임. ‘又’는 점차 의미가 유사한 ‘寸(촌)’으로 바뀌어 현재의 모양을 만듦. 本義는 각 종 문헌에서 ‘베풀다’로 설명하고 있음. 여기에서 ‘펼치다’, ‘두루 알리다’ 등 의미로 引伸됨.

* 관련한자

商	西周	春秋戰國	秦	漢	韓國	中國
–	–				敷	敷
–	–				傅	傅
–	–	–			賻	赙
–					博	博
–					搏	搏

- 敷(펴다 부, fū) : ‘攴(복)’[뜻]과 ‘尃’[뜻/소리]가 합쳐져 ‘손으로 넓게 펴다’를 표현한 글자임. 여기에서 ‘펴다’, ‘퍼지다’, ‘넓다’ 등 의미로 引伸됨. ‘又’가 ‘寸(촌)’으로, 다시 ‘方(방)’으로 변형되어 현재의 모양을 만듦.

– 敷地(부지) 敷衍(부연)

- 傅(스승 부, fù) : ‘人(인)’[뜻]과 ‘尃’[소리]가 합쳐져 ‘가까이서 돌보다’를 표현한 글자임. 여기에서 ‘보좌하다’, ‘가르치다’ 등으로 引伸됨.

– 師傅(사부)

- 賻(부의 부, fù) : ‘貝(패)’[뜻]와 ‘尃’[소리]가 합쳐져 ‘상가(喪家)에 예의를 갖추어 전하는 돈이나 물품’을 표현한 글자임.

– 賻儀(부의)

• 博(넓다 박, bó) : '♦'뜻과 '尃'소리가 합쳐져 '싸우다'를 표현한 글자임. 후에 '넓다', '크다', '많다' 등 의미로 假借되자, '手(수)'뜻를 추가한 '搏'이 파생됨. '♦'은 '申, 申, 中'의 생략된 모양으로 '방패'를 표현한 글자임.

– 博識(박식)　博覽(박람)　博物館(박물관)　賭博(도박)

• 搏(두드리다 박, bó) : '手(수)'뜻와 '尃'소리가 합쳐져 '싸우다'를 표현한 글자임. 여기에서 '두드리다', '치다' 등 의미로 引伸됨. 초기에는 '干(간)', '戈(과)', '攴(복)', '手(수)' 등 다양한 의미 요소가 혼용되었으나, 秦代에 '手'로 정착됨.

– 搏殺(박살)　搏動(박동)　脈搏(맥박)　龍虎相搏(용호상박)

061. 北【등지다 **배**/북쪽 **북**, bèi/běi】

商	西周	春秋戰國	秦	漢	韓國	中國
					北	北

'사람이 서로 등지고 있는 모습'을 표현한 글자임. 여기에서 '(신체부위)등', '(적에게 등을 보이고)달아나다' 등 의미로 引伸되었고, '북쪽'은 假借된 것임.[76)]

* 관련한자

商	西周	春秋戰國	秦	漢	韓國	中國
–	–	–			背	背
–	–	–			乖	乖
					乘	乘
–				–	剩	剩
	–				燕	燕

- 背(등 배, bèi) : '肉(육)'[뜻]과 '北'[뜻/소리]이 합쳐져 '(신체부위)등'을 표현한 글자임. 여기에서 '등지다', '배신하다', '암기하다', '물러나다' 등 의미로 引伸됨.

– 背景(배경) 背馳(배치) 背信(배신) 背任(배임) 敗北(패배)[77)]

- 乖(어그러지다 괴, guāi) : 本義는 불분명함.[78)] 현재 '어그러지다', '어긋나다'로 사용되고 있으며, '얌전하다', '착하다' 등 의미는 假借된 것임.

– 乖離(괴리) 乖隔(괴격)

---

76) '등이 향하고 있는 쪽'에서 '북쪽'으로 引伸되었다는 견해도 있음.
77) '背'가 파생되기 전에 이미 '敗北'가 만들어졌기에 지금까지 이어 사용하고 있음.
78) 양의 뿔이 좌우로 서로 등을 지고 있는 모양과 八(別)이 합쳐진 구조로 보는 견해가 있음.

• 乘(올라타다 승, chéng) : '大(대)'뜻와 '木(목)'뜻이 합쳐져 '사람이 나무 위에 올라탄 모습'을 표현한 글자임. 여기에서 '타다', '오르다' 등 의미로 引伸됨. 西周시대에 '舛(천)'이 추가 되었고, 戰國時代에는 '木'대신 '車(거)' 또는 '几(궤)'를 사용했음. 漢代 이후 '大'와 '舛'이 합쳐지면서 '北'으로 변형됨.

– 乘客(승객) 乘務員(승무원) 換乘(환승) 試乘(시승)

• 剩(남다 잉, shèng) : 원래 '貝(패)'뜻와 '朕(짐)'소리이 합쳐져 '재물을 보내다'를 표현한 '賸(남다 잉)'을 사용하였음. 여기에서 '더하다', '늘다', '남다' 등 의미로 引伸됨. 漢代 이후 俗字 '剩' 으로 바뀌면서 현재까지 이어지고 있음.

– 過剩(과잉) 剩餘(잉여)

• 燕(제비 연, yàn) : '제비가 하늘은 나는 모양'을 표현한 글자임. 秦代에 양쪽 날개가 '北'으로 변형되어 현재의 모양을 만듦. '나라이름 연', '지명'은 假借된 것임.

– 燕京(연경)[79] 燕行錄(연행록) 燕尾服(연미복)

79) 중국 북경(北京)의 옛 이름.

062. 㞋【굴복하다 **복**, fú】

商	西周	春秋戰國	秦	漢	韓國	中國
[illegible]	[illegible]	[illegible]	[illegible]	[illegible]	㞋	㞋

‘又(우)’와 ‘卩(절)’이 합쳐져 ‘손으로 적 또는 죄인을 제압하여 꿇어앉힌 모습’을 표현한 글자임. 西周시대부터 ‘又’가 ‘卩(절)’의 아래쪽으로 이동하여 현재의 모양을 만듦.

* 관련한자

商	西周	春秋戰國	秦	漢	韓國	中國
[illegible]	[illegible]	[illegible]	[illegible]	[illegible]	服	服
–	[illegible]	[illegible]	[illegible]	[illegible]	報	报

• 服(굴복하다 복, fú) : ‘㞋’[뜻]과 ‘凡(盤)’[뜻]이 합쳐져 ‘쟁반을 들고 집안일을 하는 노예’를 표현한 글자로 추정됨. 여기에서 ‘복종하다’, ‘종사하다’, ‘받아들이다’ 등 의미로 引伸됨. ‘옷’, ‘의복’ 등 의미는 假借된 것임. ‘凡’이 점차 ‘舟’로, 다시 ‘月’로 변형되어 현재의 모양을 만듦.

– 服從(복종) 服藥(복약) 克服(극복) 衣服(의복)

• 報(알리다 보, bào) : ‘幸’[뜻]과 ‘㞋’[뜻/소리]이 합쳐져 ‘죄인을 제압해 죄를 묻는 상황’을 표현한 글자임. 여기에서 ‘(죄를)알리다’, ‘보고하다’, ‘복수하다’ 등 의미로 引伸됨.

– 報告(보고) 報復(보복) 報酬(보수) 豫報(예보)

063. 非【아니다 비, fēi】

商	西周	春秋戰國	秦	漢	韓國	中國
					非	非

‘서로 어긋나다’를 표현하기 위해 ‘北’에 ‘—’을 추가해 파생된 글자로 추정됨. 여기에서 ‘아니다’, ‘그르다’, ‘나쁘다’ 등 의미로 引伸됨.

* 관련한자

商	西周	春秋戰國	秦	漢	韓國	中國
–	–	–		–	誹	诽
–	–				悲	悲
–	–	–		–	排	排
–	–				罪	罪

• 誹(헐뜯다 비, fěi) : ‘言(언)’[뜻]과 ‘非’[뜻/소리]가 합쳐져 ‘흉보다’를 표현한 글자임.

– 誹謗(비방)

• 悲(슬프다 비, bēi) : ‘心(심)’[뜻]과 ‘非’[소리]가 합쳐져 ‘슬픈 감정’을 표현한 글자임. 여기에서 ‘가엽게 여기다’ 등 의미로 引伸됨.

– 悲劇(비극) 悲觀(비관) 悲鳴(비명) 慈悲(자비)

• 排(밀치다 배, pái) : ‘手(수)’[뜻]와 ‘非’[소리]가 합쳐져 ‘손으로 밀어 내다’를 표현한 글자임. 여기에서 ‘물리치다’, ‘멀리하다’, ‘정리하다’ 등 의미로 引伸됨.

– 排斥(배척) 排他(배타) 排泄(배설) 安排(안배)

• 罪(허물 죄, zuì) : 원래 ‘自(자)’[뜻]와 ‘辛(신)’[뜻]이 합쳐져 ‘죄인의 코에 형벌을 가하는 모습’을 표현한 ‘辠(죄)’를 사용하였으나, 秦代에 ‘皇(황)’과 유사하다는 이유로 사용을 금지하였음. 이로 인해, ‘网(망)’[뜻]과 ‘非’[소리]가 합쳐져 ‘그물’을 표현한 ‘罪’를 假借하여 ‘辠’대신 사용하였음. ‘罪’의 本義는 ‘그물’이며, ‘형벌’로 假借되었고, 여기에서 다시 ‘허물’, ‘과실’, ‘재앙’ 등 의미로 引伸됨.

– 罪悚(죄송) 犯罪(범죄) 斷罪(단죄) 贖罪(속죄)

064. 冫【얼음 **빙**, bīng】

商	西周	春秋戰國	秦	漢	韓國	中國
–	–	–	仌	–	冫	冫

'물이 얼음으로 굳어진 상태'를 표현한 글자로 추정됨.80)

* 관련한자

商	西周	春秋戰國	秦	漢	韓國	中國
–	–	冰	冰	冰	氷	冰
冬	–	冬	冬	冬	冬	冬
–	–	終	終	終	終	终
寒 寒	寒	寒	寒	寒	寒	寒

- 氷(얼음 빙, bīng) : '冫'뜻과 '水'뜻가 합쳐져 파생된 글자임. 漢代 이후 '冰'의 생략형 '氷'이 만들어져 현재까지 사용됨.81) 秦代에 '冫(빙)'뜻과 '疑(의)'소리가 합쳐진 '凝(응)'이 파생됨.

– 氷河(빙하) 薄氷(박빙) 結氷(결빙) 氷山一角(빙산일각)

- 冬(겨울 동, dōng) : '계절의 끝인 겨울'은 假借된 의미로 추정됨.82) 戰國시대에 '계절'을 강조하고자 '日'이 추가되기도 하였음. 秦代에 '冫'이 추가되고, 위쪽이 '夂(치)'로 변형되어 현재의 모양을 만듦.

– 冬眠(동면) 冬至(동지) 冬服(동복) 嚴冬雪寒(엄동설한)

- 終(끝나다 종, zhōng) : '糸(멱/사)'뜻과 '冬'뜻/소리이 합쳐져 '마지막'을 표현한 글자임. 여기에서 '다하다', '죽다', '완성되다' 등 의미로 引伸됨.

– 終了(종료) 終身(종신) 始終(시종) 最終(최종)

---

80) '쇠를 녹여 만든 청동 덩어리'로 보는 견해도 있음.
81) 한국과 일본은 '氷', 중국은 '冰'을 사용함.
82) 本義는 불분명함.

• 寒(춥다 한, hán) : '宀(면)'뜻, '茻(망)'뜻, '人(인)'뜻이 합쳐져 '날씨가 추워 집안 곳곳에 풀로 둘러쳐 놓은 모습'을 표현한 글자임. 여기에서 '춥다', '어렵다', '가난하다' 등 의미로 引伸됨. 秦代에 '冫'이 추가되었고, '人'과 '茻'이 합쳐지면서 현재의 모양을 만듦.

– 寒心(한심) 惡寒(오한) 酷寒(혹한) 防寒(방한)

* '冫'뜻 + 소리로 구성된 관련 한자

• 凍(얼다 동, dòng) – 凍結(동결) 解凍(해동) 凍結乾燥(동결건조)

• 冷(차다 랭, lěng) – 冷藏(냉장) 冷徹(냉철) 冷情(냉정)

• 涼(서늘하다 량, liáng) – 淸涼(청량) 淒涼(처량) 荒涼(황량)

065. 山【메 **산**, shān】

商	西周	春秋戰國	秦	漢	韓國	中國
					山	山

‘산의 봉우리가 뾰족뾰족하게 이어지는 모양’을 표현한 글자임. 여기에서 ‘산’, ‘무덤’ 등 의미로 引伸됨.

* 관련한자

商	西周	春秋戰國	秦	漢	韓國	中國
	–				嶽/岳	岳
–	–				巖/岩	岩
–	–				崩	崩
–	–	–			崇	崇
–	–	–		–	岸	岸

• 岳(산 악, yuè) : ‘山’[뜻]과 ‘丘(구)’[뜻]가 합쳐져 ‘큰 산’을 표현한 글자임. ‘嶽’은 ‘山’[뜻]과 ‘獄’[소리]이 합쳐진 異體字임.

– 山岳/山嶽(산악) 雪岳山/雪嶽山(설악산)

• 巖(바위 암, yán) : 春秋戰國시대에는 ‘산에 바위들이 있는 모양’인 ‘嵒(바위 암)’을 사용했음. 후에 ‘山’[뜻]과 ‘嚴(엄)’[소리]이 합쳐진 ‘巖’과 ‘山’[뜻]과 ‘石(석)’[뜻]이 합쳐진 ‘岩’이 파생됨.

– 巖壁/岩壁(암벽) 巖石/岩石(암석) 巖盤/岩盤(암반)

• 崩(무너지다 붕, bēng) : ‘山’[뜻]과 ‘朋(붕)’[소리]이 합쳐져 ‘산이 무너지다’를 표현한 글자임. 여기에서 ‘훼손되다’, ‘왕이 죽다’ 등 의미로 引伸됨.

– 崩壞(붕괴) 崩御(붕어)

• 崇(높다 숭, chóng) : '山'[뜻]과 '宗(종)'[소리]이 합쳐져 '높은 산'을 표현한 글자임. 여기에서 '높다', '존중하다' 등 의미로 引伸됨.

– 崇拜(숭배) 崇尚(숭상) 崇高(숭고)

• 岸(언덕 안, àn) : '山'[뜻]과 '屽(엄)'[소리]이[83] 합쳐져 '바다나 강에 접해 있는 언덕'을 표현한 글자임.

– 海岸(해안) 沿岸(연안) 彼岸(피안)

83) '屽'은 '厂(엄/한)'[뜻]과 '干(간)'[소리]이 합쳐진 구조임.

066. 彡【터럭 **삼**, shān】

商	西周	春秋戰國	秦	漢	韓國	中國
–	–	–	彡	彡	彡	彡
–	㐱	㐱	㐱	㐱	㐱	㐱

‘彡’은 ‘터럭’, ‘장식’, ‘무늬’ 등 의미로 사용됨.[84] ‘㐱(진)’은 ‘人’과 ‘彡’이 합쳐져 ‘머리숱 또는 몸에 털이 많다’를 표현한 글자로 추정됨.

* 관련한자

商	西周	春秋戰國	秦	漢	韓國	中國
參	參	參	參	參	參	参
–	–	–	珍	珍	珍	珍
–	–	–	診	診	診	诊
–	–	–	修	修	修	修
–	–	–	–	–	影	影

- 參(참여하다 참, cān) : ‘꿇어앉은 사람 머리 위로 별빛이 비추는 상황’을 표현한 글자임. 西周시대에 ‘彡’소리이 추가되었고, ‘彡’과 ‘꿇어앉은 사람’이 합쳐져 ‘㐱’으로 변형되어 현재의 모양을 만듦. 本義는 ‘별의 이름’으로 추정되며, ‘섞이다’, ‘참여하다’ 등 의미로 引伸됨. ‘三’의 갖은자로 사용되는 것은 假借된 것임.

– 參觀(참관) 參席(참석) 參考(참고) 參酌(참작)

84) 本義는 불분명함.

• 珍(보배 진, zhēn) : '玉(옥)'뜻과 '㐱'소리이 합쳐져 '귀한 옥'을 표현한 글자임. 여기에서 '귀하다', '소중하다', '맛있는 음식' 등 의미로 引伸됨.

– 珍貴(진귀) 珍珠(진주) 山海珍味(산해진미)

• 診(보다 진, zhěn) : '言(언)'뜻과 '㐱'소리이 합쳐져 '말로 묻고 살피다'를 표현한 글자임. 여기에서 '보다', '진찰하다' 등 의미로 引伸됨.

– 診脈(진맥) 診察(진찰) 檢診(검진) 打診(타진)

• 修(닦다 수, xiū) : '彡'뜻과 '攸(유)'소리가 합쳐져 '사람의 몸에서 먼지 등을 털어 내다'를 표현한 글자로 추정됨. 여기에서 '꾸미다', '다스리다', '연구하다' 등 의미로 引伸됨.

– 修交(수교) 履修(이수) 必修(필수) 補修(보수)

• 影(그림자 영, yǐng) : '彡'뜻과 '景(경)'뜻/소리이 합쳐져 '그림자'를 표현한 글자임. 여기에서 '형상', '모습' 등 의미로 引伸됨.

– 影印(영인) 影響(영향) 投影(투영) 撮影(촬영)

067. 尙【높이다 **상**, shàng】

商	西周	春秋戰國	秦	漢	韓國	中國
–					尙	尚

‘高(고)’의 아래쪽 ‘冂’을 취하여 ‘지면에서 높게 솟아 오른 모양’을 표현한 글자임. 후에 ‘八’[부호], ‘口’[부호]가 추가되어 현재의 모양을 만듦. 本義는 ‘높다’이며, 여기에서 ‘높이다’, ‘숭상하다’ 등 의미로 引伸됨. ‘또한’, ‘아직’, ‘오히려’ 등 의미는 假借된 것임.

* 관련한자

商	西周	春秋戰國	秦	漢	韓國	中國
–	–				堂	堂
–	–				常	常
–	–				裳	裳
–	–				掌	掌
–					賞	赏
–	–	–			償	偿

- 堂(집 당, táng) : ‘土(토)’[뜻]와 ‘尙’[뜻/소리]이 합쳐져 ‘높이 쌓아올린 흙 위에 세운 건물’을 표현한 글자임. 여기에서 ‘집’, ‘건물’, ‘높다’, ‘의젓하다’ 등 의미로 引伸됨.

– 堂堂(당당) 講堂(강당) 佛堂(불당) 明堂(명당)

• 常(항상 상, cháng) : '巾(건)'[뜻]과 '尙'[소리]이 합쳐져 '치마'를 표현한 글자임. 여기에서 '일정하다', '변함없다' 등 의미로 引伸되자, '衣(의)'[뜻]를 추가한 '裳(상)'이 파생됨.

– 常識(상식) 常套(상투) 恒常(항상)

• 裳(치마 상, shang) : '衣(의)'[뜻]와 '尙'[소리]이 합쳐져 '치마'를 표현한 글자임.

– 衣裳(의상)

• 掌(손바닥 장, zhǎng) : '手(수)'[뜻]와 '尙'[소리]이 합쳐져 '손바닥'을 표현한 글자임. 여기에서 '(동물의)발바닥', '맡다', '주관하다' 등 의미로 引伸됨.

– 掌握(장악) 管掌(관장) 分掌(분장) 合掌(합장)

• 賞(상주다 상, shǎng) : '貝(패)'[뜻]와 '尙'[소리]이 합쳐져 '상주다'를 표현한 글자임. 여기에서 '칭찬하다', '즐기다', '감상하다' 등으로 引伸됨.

– 賞罰(상벌) 懸賞(현상) 鑑賞(감상) 觀賞(관상)

• 償(갚다 상, cháng) : '人(인)'[뜻]과 '賞'[뜻/소리]이 합쳐져 '갚다', '돌려주다'를 표현한 글자임.

– 償還(상환) 賠償(배상) 無償(무상) 減價償却(감가상각)

068. 象【코끼리 **상**, xiàng】

商	西周	春秋戰國	秦	漢	韓國	中國
					象	象

긴 코를 강조하여 '코끼리'를 표현한 글자임. '모양', '형상' 등 의미는 假借된 것임.

* 관련한자

商	西周	春秋戰國	秦	漢	韓國	中國
–	–				像	像
–	–				豫	豫
–	–	–		–	預	预
					爲	为
–	–	–			僞	伪

- 像(모양 상, xiàng) : '人(인)'뜻과 '象'뜻/소리이 합쳐져 '모양이 닮다'를 표현한 글자임. 여기에서 '본뜨다', '모양', '형태' 등 의미로 引伸됨.[85]

– 象牙(상아) 象徵(상징) 對象(대상) 現象(현상) 氣象(기상) 印象(인상) 抽象(추상)

– 想像(상상) 映像(영상) 肖像(초상) 偶像(우상) 銅像(동상) 佛像(불상) 虛像(허상)

- 豫(미리 예, yù) : '象'뜻과 '予(여)'소리가 합쳐져 '큰 코끼리'를 표현한 글자임. '미리', '먼저', '망설이다' 등 의미는 假借된 것임.[86]

– 豫備(예비) 豫算(예산) 豫測(예측) 猶豫(유예)

85) '象'은 생김새 그 자체, '像'은 인위적인 사물의 모습(모양)을 뜻함.
86) '미리', '먼저' 등 의미는 한국에서 豫와 預가 혼용되지만, 중국에서는 '預'만 사용함.

• 預(맡기다 예, yù) : '頁(혈)'뜻과 '予(여)'소리가 합쳐져 '잘 두다'를 표현한 글자로 추정됨. 여기에서 '보관하다', '맡기다' 등 의미로 引伸됨. '미리', '먼저' 등 의미는 假借된 것임.

– 預金(예금) 預置(예치) 預託(예탁) 豫言/預言(예언)

• 爲(하다 위, wéi) : '象'뜻과 '又(우)'뜻가 합쳐져 '손으로 코끼리를 부려 일하는 모습'을 표현한 글자임. 여기에서 '일하다', '하다', '되다', '삼다' 등 의미로 引伸됨.

– 人爲(인위) 當爲(당위) 無作爲(무작위) 爲政者(위정자)

• 僞(거짓 위, wěi) : '人(인)'뜻과 '爲'뜻/소리가 합쳐져 '사람이 인위적으로 하다'를 표현한 글자임. 여기에서 '거짓되다', '불법' 등 의미로 引伸됨.

– 僞造(위조) 僞善(위선) 眞僞(진위) 虛僞(허위)

069. 生【태어나다 **생**, shēng】

商	西周	春秋戰國	秦	漢	韓國	中國
					生	生

'풀(屮)이 땅(一)에서 싹트는 모양'을 표현한 글자임. 여기에서 '(식물이)자라다', '낳다', '살다', '기르다', '싱싱하다', '서툴다', '날(익지 않음)' 등 의미로 引伸됨. 추가된 점이 점차 가로획으로 바뀌었고, 새싹의 끝부분에 '丿'[부호]이 추가되어 현재의 모양을 만듦.

* 관련한자

商	西周	春秋戰國	秦	漢	韓國	中國
–	–				性	性
					姓	姓
					星	星
–	–	–		–	醒	醒
–	–				産	産

- 性(성품 성, xìng) : '忄(심)'[뜻]과 '生'[뜻/소리]이 합쳐져 '타고난 마음의 경향'을 표현한 글자임. 여기에서 '바탕', '성질', '생명', '성별' 등 의미로 引伸됨.

– 性格(성격) 惰性(타성) 慣性(관성) 異性(이성)

- 姓(성씨 성, xìng) : '女'[뜻]와 '生'[뜻/소리]이 합쳐져 '인간의 출생'을 표현한 글자임. 여기에서 '같은 혈족', '성씨', '자손' 등 의미로 引伸됨. 西周시대에는 '生'으로만 쓰기도 했고, 春秋戰國시대에는 '女' 대신 '人'을 쓰기도 하였음.

– 僻姓(벽성) 複姓(복성) 集成村(집성촌) 同姓同本(동성동본)

• 星(별 성, xīng) : ‘별(ㅇ)’[뜻]과 ‘生(생)’[소리]이 합쳐져 ‘별’을 표현한 글자임. 여기에서 ‘빛나다’, ‘뛰어나다’ 등 의미로 引伸됨. ‘ㅇ’이 점차 ‘日’로 변형되어 현재의 모양을 만듦.

– 流星(유성) 曉星(효성) 綺羅星(기라성)[87] 五星紅旗(오성홍기)

• 醒(깨다 성, xǐng) : ‘酉(유)’[뜻]와 ‘星’[소리]이 합쳐져 ‘술이 깨다’를 표현한 글자임. 여기에서 ‘잠이 깨다’, ‘깨닫다’ 등 의미로 引伸됨.

– 覺醒(각성) 大悟覺醒(대오각성) 半睡半醒(반수반성)

• 産(낳다 산, chǎn) : ‘生’[뜻]과 ‘产(산)’[소리]이 합쳐져 ‘태어나다’를 표현한 글자임. 여기에서 ‘생기다’, 발생하다’, ‘생산하다’ 등 의미로 引伸됨.

– 産業(산업) 遺産(유산) 破産(파산) 財産(재산)

87) ‘밤하늘에 반짝이는 수많은 별’이라는 뜻의 일본 한자어.

070. 夕【저녁 **석**, xī】

商	西周	春秋戰國	秦	漢	韓國	中國
					夕	夕

'저녁'이라는 의미를 전달하기 위해 '月(월)'에서 한 획을 생략해 파생된 글자임.

* 관련한자

商	西周	春秋戰國	秦	漢	韓國	中國
					名	名
	–				夢	梦
					外	外

• 名(이름 명, míng) : '夕'[뜻]과 '口(구)'[뜻]가 합쳐져 '저녁이 되어 어두우면 서로를 확인하기 위해 이름을 부르는 상황'을 표현한 글자임. 여기에서 '이름', '평판', '명분', '업적' 등 의미로 引伸됨.

– 名譽(명예) 名望(명망) 署名(서명) 藝名(예명)

• 夢(꿈 몽, mèng) : '사람이 침대에 누워 잠자고 있는 모습'을 표현한 글자임. 눈을 강조하여 '꿈꾸다'를 표현했고, 여기에서 '공상', '혼미하다' 등 의미로 引伸됨. 春秋戰國시대에 '爿(장/상)'이 '夕'[뜻]으로 바뀌었고, '目(목)'은 '罒'로, '人(인)'은 '冖'으로 변형되어 현재의 모양을 만듦.

– 夢想(몽상) 蒙昧(몽매) 夢遊(몽유) 惡夢(악몽)

• 外(바깥 외, wài) : 商代에는 '卜(복)'을 사용했음.[88] 후에 '月(월)'[소리]이 추가되었고, 다시 '夕'으로 바뀌면서 현재의 모양을 만듦. 本義는 '바깥'이며, 여기에서 '표면', '타인', '외국' 등 의미로 引伸됨.

– 外貌(외모) 除外(제외) 疏外(소외) 外憂內患(외우내환)

88) '卜'은 '거북의 껍질이나 소뼈를 이용해 점을 칠 때, 뒷면에 갈라진 모양'임. 이때 세로획을 중심으로 가로획이 가리키는 곳이 안쪽, 그 반대가 바깥쪽임.

071. 西【서쪽 **서**, xī】

商	西周	春秋戰國	秦	漢	韓國	中國
西	西	西	西	西	西	西

‘새둥지’를 표현한 글자임. 여기에서 날이 저물어 새가 둥지로 돌아가 ‘쉬다’와 ‘해가 지는 방향(서쪽)’ 등 의미로 引伸되면서, ‘木(목)’[뜻]을 추가한 ‘栖(쉴 서, qī)’가 파생되었고, 秦代에 ‘西’가 ‘妻(처)’[소리]로 바뀌면서 ‘棲(쉴 서, qī)’가 파생됨.

* 관련한자

商	西周	春秋戰國	秦	漢	韓國	中國
–	–	–	棲	栖	棲	栖
–	巢	巢	巢	巢	巢	巢

• 棲(쉬다 서, qī) : ‘木(목)’[뜻]과 ‘妻(처)’[소리]가 합쳐져 ‘쉬다’를 표현한 글자임. 여기에서 ‘살다’, ‘거주하다’, ‘집’ 등 의미로 引伸됨.

– 棲息地(서식지)　兩棲類(양서류)

• 巢(둥지 소, cháo) : ‘나무 위에 만들어진 새둥지’를 표현한 글자임. 여기에서 ‘집’, ‘모이다’ 등 의미로 引伸됨. ‘둥지’모양이 점차 ‘巛’과 ‘田’으로 변형되어 현재의 모양을 만듦.

– 巢窟(소굴)　卵巢(난소)　歸巢本能(귀소본능)

072. 石【돌 석, shí】

商	西周	春秋戰國	秦	漢	韓國	中國
					石	石

‘厂(기슭 엄)’에 ‘口’[부호]를 추가하여 파생된 글자임. 本義는 ‘암석’이며, 여기에서 ‘광물질’, ‘흔한 물건’, ‘쓸모없음’ 등 의미로 引伸됨.

* 관련한자

商	西周	春秋戰國	秦	漢	韓國	中國
					庶	庶
–	–	–			拓	拓
–	–	–			確	确
–	–	–			礙/碍	碍

- 庶(무리 서, shù) : ‘石’[뜻]과 ‘火(화)’[뜻]가 합쳐져 ‘가열된 돌로 음식을 익히다’를 표현한 글자임. 후에 ‘무리’, ‘여럿’, ‘서출’ 등 의미로 假借되자, ‘火’[뜻]와 ‘者(자)’[소리]가 합쳐진 ‘煮(삶다 자, zhǔ)’가 파생됨.

– 庶民(서민) 庶子(서자) 庶孼(서얼) 嫡庶(적서)

- 拓(넓히다 척/탁본 탁, tuò/tà) : ‘手(수)’[뜻]와 ‘石’[소리]이 합쳐져 ‘토지 또는 도로를 넓히다’를 표현한 글자임. ‘손으로 베끼다’는 假借된 것임.[89)]

– 開拓(개척) 干拓(간척) 拓本(탁본)

- 確(단단하다 확, què) : ‘石’[뜻]과 ‘角(각)’[소리] 또는 ‘㱿(각)’[소리]이 합쳐져 ‘돌이 많은 단단한 토지’를 표현한 글자임. 여기에서 ‘단단하다’, ‘확실하다’ 등 의미로 引伸됨. 漢代에 ‘㱿’이 다시 ‘隺(각)’으로 변형되어 현재의 모양을 만듦.

– 確認(확인) 確率(확률) 明確(명확) 正確(정확)

---

89) 원래 ‘搨(베끼다 탑)’을 사용했지만, 唐宋 이후에 ‘拓’을 假借해 사용하고 있음.

• 礙(거리끼다 애, ài) : '石'[뜻]과 '疑(의)'[소리]가 합쳐져 '저지하다'를 표현한 글자임. 여기에서 '막다', '방해하다' 등 의미로 引伸됨. '碍(애)'는 唐代에 만들어진 異體字임.

– 障礙/障碍(장애)　拘礙/拘碍(구애)

073. 昔【옛날 **석**, xī】

商	西周	春秋戰國	秦	漢	韓國	中國
昔	昔	昔	昔	昔	昔	昔

‘日’[뜻]과 ‘巛(재앙 재)’[뜻]가 합쳐져 ‘홍수(재앙)가 났던 그 날’을 표현한 글자로 추정됨. 여기에서 ‘옛날’, ‘이전’, ‘오래되다’ 등 의미로 引伸됨.

* 관련한자

商	西周	春秋戰國	秦	漢	韓國	中國
–	–	–	惜	惜	惜	惜
–	–	–	借	借	借	借
–	–	錯	錯	錯	錯	错
–	–	措	措	措	措	措

- 惜(아끼다 석, xī) : ‘心(심)’[뜻]과 ‘昔’[소리]이 합쳐져 ‘마음의 아픔’을 표현한 글자임. 여기에서 ‘아깝게 여기다’, ‘아쉬워하다’, ‘가엾게 여기다’ 등 의미로 引伸됨.

– 惜別(석별) 惜敗(석패) 哀惜(애석) 買占賣惜(매점매석)

- 借(빌리다 차, jiè) : ‘人(인)’[뜻]과 ‘昔’[소리]이 합쳐져 ‘타인에게 빌리다’를 표현한 글자임. 여기에서 ‘빌려주다’, ‘의지하다’, ‘핑계 삼다’ 등 의미로 引伸됨.

– 借名(차명) 借用(차용) 借款(차관) 賃借(임차)

- 錯(어긋나다 착, cuò) : ‘金(금)’[뜻]과 ‘昔’[소리]이 합쳐져 ‘도금(鍍金)하다’를 표현한 글자임. 여기에서 ‘무늬를 새겨 넣다’, ‘뒤섞이다’, ‘어긋나다’ 등 의미로 引伸됨.

– 錯覺(착각) 錯誤(착오) 錯視(착시) 錯雜(착잡)

- 措(놓아두다 조, cuò) : ‘手(수)’[뜻]와 ‘昔’[소리]이 합쳐져 ‘(물건을)내려 두다’를 표현한 글자임. 여기에서 ‘놓다’, ‘두다’, ‘처리하다’ 등 의미로 引伸됨.

– 措置(조치) 措處(조처) 措手不及(조수불급)

074. 舌【혀 **설**, shé】

商	西周	春秋戰國	秦	漢	韓國	中國
					舌	舌

‘혀’를 표현하기 위해 ‘입’과 ‘唾液(타액)’까지 구체적으로 표현하였음. 여기에서 ‘말하다’, ‘맛보다’ 등 의미로 引伸됨. ‘타액’은 점차 생략되었고, ‘혀’는 ‘千(천)’으로 변형되어 현재의 모양을 만듦.

* 관련한자

商	西周	春秋戰國	秦	漢	韓國	中國
–	–				話	话
–	–	–			活	活
–	–	–			括	括
–	–				闊	阔

• 話(말씀 화, huà) : ‘言(언)’[뜻]과 ‘舌(설)’[소리]이 합쳐져 ‘말’, ‘이야기’를 표현한 글자임. 秦代에는 ‘昏(괄)’[소리]을 사용하였으나, 漢代에 다시 ‘舌’로 바뀌어 현재의 모양을 만듦.

– 話題(화제) 話術(화술) 逸話(일화) 對話(대화)

• 活(살다 활, huó) : ‘水(수)’[뜻]와 ‘昏(괄)’[소리]이 합쳐져 ‘물이 흐르는 소리’를 표현한 글자임. 여기에서 ‘생기가 있다’, ‘살다’ 등 의미로 引伸됨. 漢代에 ‘昏’이 ‘舌’로 변형되어 현재의 모양을 만듦.

– 活潑(활발) 活躍(활약) 復活(부활) 再活(재활)

• 括(묶다 괄, kuò) : ‘手(수)’[뜻]와 ‘昏(괄)’[소리]이 합쳐져 ‘손으로 동여매다’를 표현한 글자임. 여기에서 ‘담다’, ‘모이다’ 등 의미로 引伸됨. 漢代에 ‘昏’이 ‘舌’로 변형되어 현재의 모양을 만듦.

– 括弧(괄호) 總括(총괄) 包括(포괄) 槪括(개괄)

• 闊(넓다 활, kuò) : ‘門(문)’뜻과 ‘活(활)’소리이 합쳐져 ‘멀다’를 표현한 글자임. 여기에서 ‘넓다’, ‘크다’, ‘오래되다’ 등 의미로 引伸됨. 秦代에는 ‘涽(괄)’소리을 사용하였으나, 漢代에 다시 ‘活’로 바뀌어 현재의 모양을 만듦.

– 闊步(활보) 闊葉(활엽) 廣闊(광활)

075. 束【묶다 속, shù】

商	西周	春秋戰國	秦	漢	韓國	中國
					束	束

‘위아래를 묶은 자루’를 표현한 글자임. 여기에서 ‘묶다’, ‘결박하다’, ‘약속하다’, ‘제한하다’ 등 의미로 引伸되었고, ‘동쪽’으로 假借됨. 이로 인해, ‘東’과 ‘囊’이 파생됨.

* 관련한자

商	西周	春秋戰國	秦	漢	韓國	中國
					東	东
–	–	–			囊	囊
					速	速
–					勅	敕

• 東(동쪽 동, dōng) : ‘束’에서 假借된 ‘동쪽’을 표현하고자, 자루 표면에 획을 추가해 파생된 글자임.

– 東洋(동양) 極東(극동) 關東(관동) 嶺東(영동)

• 囊(자루 낭, náng) : ‘束’[뜻]과 ‘襄(양)’[소리]이 합쳐져 ‘자루’를 표현한 글자임.

– 背囊(배낭) 智囊(지낭) 寢囊(침낭) 囊中之錐(낭중지추)

• 速(빠르다 속, sù) : ‘止(지)’[뜻]와 ‘束’[소리]이 합쳐져 ‘빠르다’를 표현한 글자임. ‘止’는 점차 ‘辵(착)’으로, ‘東’은 ‘束’으로 교체되어 현재의 모양을 만듦.

– 速成(속성) 速斷(속단) 迅速(신속) 拙速(졸속)

• 勅(훈계하다 칙, chì) : ‘攴(복)’[뜻]과 ‘束’[소리]이 합쳐져 ‘훈계하다’를 표현한 글자임. 여기에서 ‘왕의 말’, ‘왕의 명령’ 등 의미로 引伸됨. 西周시대에는 ‘力(력)’[뜻]을 사용했음.[90]

– 勅書(칙서) 勅命(칙명) 勅命(칙명)

---

90) 한국에서 ‘勅’을, 중국에서는 ‘敕’을 사용함.

076. 殳【몽둥이 수, shū】

商	西周	春秋戰國	秦	漢	韓國	中國
					殳	殳

'손(又)에 무기 또는 도구를 들고 있는 모습'을 표현한 글자임.

* 관련한자

商	西周	春秋戰國	秦	漢	韓國	中國
–	–	–			投	投
	–				役	役
					殺	杀
–					毆	殴
–	–	–			設	设
–					段	段
–	–				毁	毁

• 投(던지다 투, tóu) : '手(수)'[뜻]와 '殳'[소리]가 합쳐져 '손으로 던지다'를 표현한 글자임. 여기에서 '주다', '뛰어들다', '가담하다' 등 의미로 引伸됨.

– 投擲(투척) 投資(투자) 投合(투합) 投票(투표)

• 役(일시키다 역, yì) : '人(인)'[뜻]과 '殳'[뜻], 그리고 '彳(척)'[뜻]이 합쳐져 '무기 또는 몽둥이를 손에 들고 사람에게 일을 시키는 상황'을 표현한 글자임. 여기에서 '일하다', '힘쓰다' 등 의미로 引伸됨. '人'은 점차 생략되어 현재의 모양을 만듦.

– 役割(역할) 退役(퇴역) 用役(용역) 現役(현역)

• 殺(죽이다 살/빠르다 쇄, shā) : '몽둥이로 사람 또는 뱀을 때려죽이는 상황'을 표현한 글자임. 여기에서 '죽이다', '없애다', '지우다', '줄어들다' 등 의미로 引伸됨. '빠르다', '매우' 등 의미는 假借된 것임. 西周시대에 '殳'뜻와 '杀(살)'소리의 구조로 변경되어 현재의 모양을 만듦.

– 殺害(살해) 抹殺(말살) 相殺(상쇄) 殺到(쇄도)

• 毆(때리다 구, ōu) : '殳'뜻와 '區(구)'소리가 합쳐져 '몽둥이로 가격하다'를 표현한 글자임.

– 毆打(구타)

• 設(설치하다 설, shè) : '言(언)'뜻과 '殳'뜻가 합쳐져 '말로 사람을 부리다'를 표현한 글자임. 여기에서 '일을 벌이다', '설치하다', '진열하다' 등 의미로 引伸됨.

– 設備(설비) 設計(설계) 設問(설문) 施設(시설)

• 段(층계 단, duàn) : '石(석)'뜻과 '殳'뜻가 합쳐져 '도구를 사용해 돌을 다듬다'를 표현한 글자임. 후에 '부분', '단계', '구분' 등 의미로 假借되자, '金(금)'을 추가한 '鍛(쇠불리다 단)'이 파생됨.

– 段階(단계) 段落(단락) 手段(수단) 階段(계단) 鍛鍊(단련)

• 毁(훼손하다 훼, huǐ) : '土(토)'뜻와 '毇(훼)'소리의 생략형이 합쳐져 '헐다', '부수다'를 표현한 글자로 추정됨.[91] 여기에서 '비방하다', '방해하다' 등 의미로 引伸됨.

– 毁損(훼손) 毁謗(훼방) 貶毁(폄훼)

91) 戰國시대에는 '壬(정)'을 사용했지만, 秦代에 '土'로 바뀌고, 漢代 이후에 다시 '工(공)'으로 변형되어 '毁'와 '毀' 두 개의 字形이 만들어짐.

077. 𠂹【늘어뜨리다 **수**, chuí】

商	西周	春秋戰國	秦	漢	韓國	中國
–	–	–	[illegible]	–	𠂹	𠂹

'꽃잎이 아래로 처진 모양'을 표현한 글자임. 여기에서 '아래로 처지다', '가장자리', '변두리' 등 의미로 引伸됨.

* 관련한자

商	西周	春秋戰國	秦	漢	韓國	中國
–	[illegible]	[illegible]	[illegible]	[illegible]	華	华
–	–	–	[illegible]	[illegible]	花	花
–	–	[illegible]	[illegible]	[illegible]	垂	垂
–	–	–	[illegible]	[illegible]	郵	邮
–	–	–	[illegible]	[illegible]	睡	睡

• 華(빛나다 화, huá) : '꽃잎'과 '꽃받침'을 표현한 글자임. 여기에서 '빛나다', '번성하다' 등으로 引伸되자, '艸(초)'뜻와 '化(화)'소리가 합쳐진 '花(꽃 화, huā)'가 파생됨.

– 華麗(화려) 華婚(화혼) 華奢(화사) 華僑(화교)

• 垂(늘어뜨리다 수, chuí) : '土(토)'뜻와 '𠂹'뜻/소리가 합쳐져 '아래로 처지다', '가장자리', '변두리' 등 의미를 표현한 글자임.[92]

– 垂直(수직) 垂簾聽政(수렴청정) 率先垂範(솔선수범)

• 郵(우편 우, yóu) : '邑(읍)'뜻과 '垂'뜻/소리가 합쳐져 '고대 지방 곳곳에 설치된 역참(驛站)'을 표현한 글자임.

– 郵便(우편) 郵遞局(우체국)

---

92) '垂'가 만들어진 후, '𠂹'는 폐지되었음.

• 睡(잠자다 수, shuì) : '目(목)'[뜻]과 '垂'[뜻/소리]가 합쳐져 '눈꺼풀이 아래로 처지다'를 표현한 글자임. 여기에서 '잠자다', '혼미하다' 등 의미로 引伸됨.

– 睡眠(수면)　昏睡(혼수)　寢睡(침수)

078. 尸【사람 **시**/시체 **시**, shī】

商	西周	春秋戰國	秦	漢	韓國	中國
[illegible]	[illegible]	[illegible]	[illegible]	[illegible]	尸	尸
–	–	–	[illegible]	[illegible]	屍	尸

'무릎을 굽힌 사람'을 표현한 글자이며,[93] 여기에서 '사람', '시체' 등 의미로 引伸됨. 후에 '死(사)'[뜻]를 추가한 '屍(시체 시, shī)'가 파생됨.

* 관련한자

商	西周	春秋戰國	秦	漢	韓國	中國
–	–	[illegible]	[illegible]	[illegible]	居	居
[illegible]	–	[illegible]	[illegible]	[illegible]	尾	尾
–	–	[illegible]	[illegible]	[illegible]	屈	屈

- 居(살다 거, jū) : '尸'[뜻]와 '古(고)'[소리]가 합쳐져 '웅크려 앉은 사람'을 표현한 글자임. 여기에서 '자리 잡다', '차지하다', '놓여 있다', '거주하다' 등 의미로 引伸됨.

– 居留(거류) 居之半(거지반) 獨居(독거) 蟄居(칩거)

- 尾(꼬리 미, wěi) : '尸'[뜻]와 '毛(모)'[뜻]가 합쳐져 '엉덩이에 꼬리 장식을 한 사람'을 표현한 글자임.[94] 여기에서 '짐승의 꼬리', '끝', '뒤쪽', '생식기' 등 의미로 引伸됨.

– 尾行(미행) 語尾(어미) 末尾(말미) 交尾(교미)

---

93) 商과 西周시대에는 주로 '夷(이민족 이, yí)'로 假借됨.

94) 사람의 엉덩이에 왜 꼬리 장식을 추가 했는지에 대해서 아직 명확하게 설명할 수는 없음. 다만 '僕(종 복)'에도 꼬리 장식을 한 사람이 보이고 있어 '신분이 낮은 사람', 또는 '노예'를 표현한 것으로 추정됨.

• 屈(굽다 굴, qū) : '尾'[뜻]와 '出(출)'[소리]이 합쳐져 '굽은 꼬리'를 표현한 글자임. 여기에서 '굽다', '움츠리다', '쇠하다', '억누르다' 등 의미로 引伸됨. 漢代에 '尾'가 '尸'로 생략되어 현재의 모양을 만듦.

– 屈服(굴복) 屈辱(굴욕) 卑屈(비굴) 屈指(굴지)

079. 豕【돼지 **시**, shǐ】

商	西周	春秋戰國	秦	漢	韓國	中國
					豕	豕

불룩한 배를 강조하여 '돼지'를 표현한 글장임.

* 관련한자

商	西周	春秋戰國	秦	漢	韓國	中國
					豚	豚
–	–				猪	猪
–	–	–			豪	豪
–	–				冢	冢
–	–				蒙	蒙

• 豚(돼지 돈, tún) : '豕'뜻와 '肉(육)'뜻이 합쳐져 '돼지고기'를 표현한 글자임.
– 豚肉(돈육) 養豚(양돈) 韓豚(한돈)

• 猪(돼지 저, zhū) : '豕'뜻와 '者(자)'소리가 합쳐져 '돼지'를 표현한 글자임. 漢代 이후 '豕'가 '犬(견)'뜻으로 변형되어 현재의 모양을 만듦.
– 猪突/豬突(저돌)

• 豪(호걸 호, háo) : '豕'뜻와 '高(고)'소리의 생략형이 합쳐져 '호저(豪猪)'를 표현한 글자임.[95] 신체적 특징인 '길고 날카로운 가시 털'에서 '화려하다', '특별하다', '뛰어나다', '용감하다' 등 의미로 引伸됨.
– 豪放(호방) 豪雨(호우) 豪華(호화) 豪言壯談(호언장담)

---

95) 몸에 길고 뻣뻣한 가시 털이 덮여 있는 고슴도치 같은 동물.

• 蒙(어둡다 몽, méng) : 원래 '冃/冃(모)'[뜻]와 '豕(시)'[뜻]가 합쳐져 '천으로 돼지의 얼굴을 덮다'를 표현한 '冡(몽)'임. 여기에서 '덮다', '가리다', '어둡다', '어리석다', '속다' 등 의미로 引伸됨. '蒙'은 '艸(초)'[뜻]와 '冡(몽)'[소리]이 합쳐져 '풀의 한 종류'를 표현한 글자이나, '冡'으로 假借되어 현재까지 사용되고 있음.

– 啓蒙(계몽) 蒙古(몽고) 無知蒙昧(무지몽매)

080. 是【옳다 **시**, shì】

商	西周	春秋戰國	秦	漢	韓國	中國
–	[illegible]	[illegible]	[illegible]	[illegible]	是	是

本義는 불분명함. '옳다', '곧다' 등 의미로 사용되며, 대명사 '이것'은 假借된 것임.

* 관련한자

商	西周	春秋戰國	秦	漢	韓國	中國
–	–	–	[illegible]	–	匙	匙
–	–	–	[illegible]	提	提	提
–	–	–	[illegible]	題	題	题

- 匙(숟가락 시, chí) : '匕(비)'뜻와 '是'소리가 합쳐져 '숟가락'을 표현한 글자임.

– 匙箸(시저)[96] 十匙一飯(십시일반)

- 提(손에 들다 제, tí) : '手(수)'뜻와 '是'소리가 합쳐져 '(손에)들다'를 표현한 글자임. 여기에서 '제시하다', '이끌다' 등 의미로 引伸됨.

– 提起(제기) 提供(제공) 提報(제보) 提携(제휴)

- 題(제목 제, tí) : '頁(혈)'뜻과 '是'소리가 합쳐져 '(사람의)이마'를 표현한 글자임. 이마는 사람 얼굴의 제일 위에 있기에, '제목', '머리말', '글을 적다' 등 의미로 引伸됨.

– 題目(제목) 問題(문제) 難題(난제) 話題(화제)

96) 수저는 匙箸(시저)에서 변한 것으로 추정됨.

081. 戠【찰흙 시[97], zhī/zhí/shì】

商	西周	春秋戰國	秦	漢	韓國	中國
[illegible]	[illegible]	[illegible]	[illegible]	–	戠	戠

'戈(과)'[뜻]와 '∇'[뜻]가 합쳐진 글자임.[98] '∇'가 점차 '音(음)'으로 변형되어 현재의 모양을 만듦.

* 관련한자

商	西周	春秋戰國	秦	漢	韓國	中國
–	–	[illegible]	[illegible]	[illegible]	職	职
–	–	[illegible]	[illegible]	[illegible]	識	识
–	–	–	[illegible]	[illegible]	幟	帜
–	–	[illegible]	[illegible]	[illegible]	熾	炽

- 職(직분 직, zhí) : '耳(이)'[뜻]와 '戠'[소리]가 합쳐져 '듣고 기록하다'를 표현한 글자임. 여기에서 '일', '직업' 등 의미로 引伸됨.

– 職業(직업) 職務(직무) 退職(퇴직) 求職(구직)

- 識(알다 식/적다 지, shí/zhì) : '言(언)'[뜻]과 '戠'[소리]가 합쳐져 '기억하다'를 표현한 글자임. 여기에서 '인지하다', '알다', '지식', '표시하다' 등 의미로 引伸됨.

– 識別(식별) 識見(식견) 認識(인식) 常識(상식) 標識(표지)

- 幟(깃발 치, zhì) : '巾(건)'[뜻]과 '戠'[소리]가 합쳐져 '깃발의 한 종류'를 표현한 글자임. 여기에서 '표지', '목표' 등 의미로 引伸됨.

– 旗幟(기치)

- 熾(성하다 치, chì) : '火(화)'[뜻]와 '戠'[소리]가 합쳐져 '불이 활활 타오르다'를 표현한 글자임. 여기에서 '세력이 왕성하다', '심하다' 등 의미로 引伸됨.

– 熾烈(치열)

---

97) 고대에 '埴(찰흙 식)'의 假借로 사용된 예를 근거로 명명한 것임.
98) 本義는 불분명하며, 고대에 '食(식)', '特(특)', '職(직)' 등 다양한 의미로 假借되었음.

082. 食【밥 식, shí】

商	西周	春秋戰國	秦	漢	韓國	中國
					食	食

‘거꾸로 그린 입(亼)’과 ‘밥그릇(皀)’이 합쳐져 ‘밥을 먹는 모습’을 표현한 글자임. 입에서 흐르는 침을 부가적으로 표현한 글자도 보임. 여기에서 ‘음식’, ‘생계’ 등 의미로 引伸됨.

* 관련한자

商	西周	春秋戰國	秦	漢	韓國	中國
					卽	即
					旣	既
					飮	饮
					鄕	乡

- 卽(곧 즉, jí) : ‘皀(궤)’[뜻][99]와 ‘卩(절)’[뜻]이 합쳐져 ‘식사를 시작하려는 모습’을 표현한 글자임. 여기에서 ‘곧~하다’, ‘즉시’, ‘이에’, ‘가까이하다’, ‘나아가다’ 등 의미로 引伸됨.

– 卽答(즉답) 卽效(즉효) 卽席(즉석) 卽刻(즉각)

- 旣(이미 기, jì) : ‘皀(궤)’[뜻]와 ‘旡(기)’[뜻]가 합쳐져 ‘식사를 마치고 고개를 돌린 모습’을 표현한 글자임. 여기에서 ‘이미~했다’, ‘벌써’, ‘다하다’, ‘끝내다’ 등 의미로 引伸됨.

– 旣得(기득) 旣往(기왕) 旣存(기존) 旣成(기성)

---

99) ‘簋(제기 궤)’의 초기 모양.

• 飮(마시다 음, yǐn) : ‘酉(유)’[뜻]와 ‘欠(흠)’[뜻]이 합쳐져 ‘입을 벌려 음식을 마시는 모습’을 표현한 글자임. 후에 ‘今(금)’[소리]이 추가되면서 ‘㱃(염)’으로 변형되기도 하였으나, 漢代에 다시 ‘食’[뜻]으로 바뀌어 현재의 모양을 만듦.

– 飮酒(음주) 過飮(과음) 米飮(미음) 食飮(식음)

• 鄕(고향 향, xiāng) : ‘두 사람이 마주앉아 함께 식사하는 모습’을 표현한 글자임. 좌우 사람이 각각 ‘乡’과 ‘阝’으로 변형되어 현재의 모양을 만듦. 후에 ‘고향’, ‘바라보다’, ‘관직명’ 등으로 假借되자, 각각 ‘饗(잔치 향, xiǎng)’과 ‘卿(벼슬 경, qīng)’이 파생되어 뜻을 구별함.

– 鄕愁(향수) 饗宴(향연) 樞機卿(추기경)

083. 申【번개 **신**/되풀이하다 **신**, shēn】

商	西周	春秋戰國	秦	漢	韓國	中國
					申	申

‘번개’를 표현한 글자임. 번개는 한 번에 그치는 것이 아니기에 ‘거듭’, ‘되풀이하다’ 등 의미로 引伸되었고, 여기에서 다시 ‘늘이다’, ‘연장하다’, ‘펴다’, ‘알리다’ 등 의미로 引伸됨.

* 관련한자

商	西周	春秋戰國	秦	漢	韓國	中國
–					電	电
–	–				伸	伸
–					神	神
–	–	–			呻	呻

• 電(번개 전, diàn) : ‘申’[뜻]과 ‘雨(우)’[뜻]가 합쳐져 ‘번개’를 표현한 글자임. 여기에서 ‘전기’, ‘전류’, ‘전화’, ‘빠르다’ 등 의미로 引伸됨. ‘申’이 ‘电’으로 변형되어 현재의 모양을 만듦.

– 電鐵(전철) 電壓(전압) 家電(가전) 充電(충전)

• 伸(펴다 신, shēn) : ‘人(인)’[뜻]과 ‘申’[뜻/소리]이 합쳐져 ‘몸을 펴다’를 표현한 글자임. 여기에서 ‘해명하다’, ‘설명하다’ 등 의미로 引伸됨.

– 伸縮(신축) 伸張(신장) 追伸(추신)

• 神(귀신 신, shén) : ‘示(시)’[뜻]와 ‘申’[뜻/소리]이 합쳐져 ‘하늘 신’을 표현한 글자임. 여기에서 ‘신령’, ‘영혼’, ‘마음’ 등 의미로 引伸됨.

– 神化(신화) 神祕(신비) 精神(정신) 失神(실신)

• 呻(읊조리다 신, shēn) : ‘口(구)’[뜻]와 ‘申’[소리]이 합쳐져 ‘웅얼거리다’를 표현한 글자임. 여기에서 ‘읊조리다’, ‘앓는 소리를 내다’ 등 의미로 引伸됨.

– 呻吟(신음) 無病呻吟(무병신음)

084. 臣【눈 **신**/신하 **신**, chén】

商	西周	春秋戰國	秦	漢	韓國	中國
					臣	臣

‘정면으로 쳐다보지 못하고 고개를 숙이고 곁눈질하는 신분이 낮은 사람’을 표현한 글자임. 여기에서 ‘신하’, ‘관리’ 등 의미로 引伸되었고, 다른 글자와 함께 사용될 때는 ‘目’과 동일하게 ‘사람의 눈’을 뜻함.

* 관련한자

商	西周	春秋戰國	秦	漢	韓國	中國
					臨	临
					監	监
–	–	–			覽	览
–	–	–			臥	卧

- 臨(내려다보다 림, lín) : ‘人(인)’[뜻]과 ‘目(목)’[뜻], 그리고 ‘[illegible]’[뜻]이 합쳐져 ‘사람이 무언가를 내려다보고 있는 모습’을 표현한 글자임. 여기에서 ‘대하다’, ‘직면하다’, ‘접근하다’, ‘다스리다’ 등 의미로 引伸됨. ‘人’은 ‘𠂉’으로, ‘目’은 ‘臣’으로, ‘물건’은 ‘品(품)’으로 변형되어 현재의 모양을 만듦.

– 臨時(임시) 臨迫(임박) 臨床(임상) 君臨(군림)

- 監(감시하다 감, jiān) : ‘사람이 무릎 꿇고 앉아 그릇에 담긴 물에 자신의 얼굴을 비춰보는 모습’을 표현한 글자임. 여기에서 ‘자세히 보다’, ‘감시하다’ 등 의미로 引伸됨. ‘目’은 ‘臣’으로, ‘人’은 ‘𠂉’으로, ‘그릇에 담긴 물’은 각각 ‘皿(명)’과 ‘一’로 변형되면서 현재의 모양을 만듦.

– 監視(감시) 監禁(감금) 監督(감독) 國監(국감)

- 覽(두루 보다 람, lǎn) : ‘見(견)’[뜻]과 ‘監’[뜻/소리]이 합쳐져 ‘두루 보다’를 표현한 글자임. ‘皿’이 ‘罒’으로 생략되어 현재의 모양을 만듦.

– 觀覽(관람) 閱覽(열람) 遊覽(유람) 博覽會(박람회)

• 臥(눕다 와, wò) : '目'뜻과 '人'뜻이 합쳐져 '눕다'를 표현한 글자임.100) 여기에서 '누워 자다', '쉬다' 등 의미로 引伸됨.101)

– 臥病(와병) 臥龍(와룡) 臥薪嘗膽(와신상담)

---

100) 사람의 눈을 아래로 처지게 두어 '엎드리다' 또는 '눕다'를 표현함.

101) 중국은 '人'이 '卜'으로 변형된 글자를 사용함.

085. 辛【형벌 **신**, xīn】

商	西周	春秋戰國	秦	漢	韓國	中國
					辛	辛
				–	辛	辛

‘죄인에게 벌을 주는 끝이 뾰족한 刑器(형기)’를 표현한 글자임. 여기에서 ‘독하다’, ‘괴롭다’, ‘고생하다’, ‘맵다’ 등 의미로 引伸됨. 십간(十干)의 여덟째 글자로 사용되는 것은 假借된 것임. ‘䇂’(허물 건, qiān)은 ‘풀 따위를 베는 낫’을 표현한 글자로 추정됨. 의미와 모양이 ‘辛’과 유사하여 혼용되고 있음.

* 관련한자

商	西周	春秋戰國	秦	漢	韓國	中國
					妾	妾
					童	童
					宰	宰

• 妾(후실 첩, qiè) : ‘辛’[뜻]과 ‘女’[뜻]가 합쳐져 ‘형기를 머리에 두른 여성’을 표현한 글자임.[102] 여기에서 ‘여자 노예’, ‘시녀’, ‘첩’ 등 의미로 引伸됨. ‘辛’이 점차 ‘立(립)’으로 생략되어 현재의 모양을 만듦.

– 妻妾(처첩) 小妾(소첩)[103]

• 童(아이 동, tóng) : ‘형기(辛)에 눈이 찔린 노예의 모습’을 표현한 글자임. 여기에서 ‘어린 노예’, ‘아이’ 등 의미로 引伸됨. 西周시대에 ‘東(동)’[소리]과 의미 없는 ‘土(토)’가 추가되었고, 두 글자가 합쳐져 ‘里’로 변형되어 현재의 모양을 만듦.

– 童顔(동안) 童謠(동요) 兒童(아동) 神童(신동)

---

102) 머리에 장식을 한 여성으로 보는 견해도 있음.
103) 봉건사회에서 여성이 자신을 낮추어 일컫는 말.

• 宰(재상 재, zǎi) : '宀(면)'[뜻]과 '辛'[뜻]이 합쳐져 '집안일을 담당하는 노예'를 표현한 글자임. 여기에서 '집안 허드렛일을 관장하는 사람', '주관하다', '우두머리' 등 의미로 引伸됨.

– 宰相(재상)　主宰(주재)

086. 牙【어금니 아, yá】

商	西周	春秋戰國	秦	漢	韓國	中國
–	[illegible]	[illegible]	[illegible]	[illegible]	牙	牙

'상하 맞물려 있는 어금니'를 표현한 글자임. 여기에서 '어금니 모양 물건', '깨물다' 등 의미로 引伸됨.

* 관련한자

商	西周	春秋戰國	秦	漢	韓國	中國
–	–	–	[illegible]	[illegible]	穿	穿
–	–	–	[illegible]	–	芽	芽
–	–	[illegible]	[illegible]	[illegible]	邪	邪

- 穿(뚫다 천, chuān) : '穴(혈)'[뜻]과 '牙'[뜻]가 합쳐져 '이로 구멍을 뚫음'을 표현한 글자임. 여기에서 '뚫다', '개통하다', '구멍', '(옷을)입다' 등 의미로 引伸됨.

– 穿孔(천공)　穿鑿(천착)　水滴穿石(수적천석)

- 芽(싹 아, yá) : '艸(초)'[뜻]와 '牙'[소리]가 합쳐져 '식물의 싹'을 표현한 글자임. 여기에서 '처음', '시초', '조짐' 등 의미로 引伸됨.

– 發芽(발아)　萌芽(맹아)　胚芽(배아)　麥芽(맥아)

- 邪(간사하다 사, xié) : '邑(읍)'[뜻]과 '牙'[소리]가 합쳐져 '지명'을 표현한 글자임.[104] '바르지 못하다', '간사하다' 등 의미는 假借된 것임. 春秋戰國시대에는 '牙'의 이체자 '𤘗(아)'[소리]를 사용하기도 했음.

– 邪惡(사악)　思無邪(사무사)　衛正斥邪(위정척사)

---

104) 琅邪(낭야) : 중국 山東省 諸城縣 東南 지역. '琅琊', '瑯琊'로도 표기함.

087. 我【나 아, wǒ】

商	西周	春秋戰國	秦	漢	韓國	中國
我	我	我	我	我	我	我

‘톱니 모양의 날이 있는 도끼’를 표현한 글자임. 대명사 ‘나’, ‘우리’는 假借된 것임. 도끼날이 ‘手’로, 자루는 ‘戈’로 바뀌어 현재의 모양을 만듦.

* 관련한자

商	西周	春秋戰國	秦	漢	韓國	中國
義	義	義	義	義	義	义
–	–	–	儀	儀	儀	仪
–	–	議	議	議	議	议
–	–	–	餓	餓	餓	饿

- 義(옳다 의, yí) : ‘羊(양)’[뜻]과 ‘我’[뜻/소리]가 합쳐져 ‘양가죽으로 치장을 한 의장용 도끼’를 표현한 글자임. 여기에서 ‘위엄’, ‘법도’, ‘명분’, ‘옳다’, ‘바르다’ 등 의미로 引伸됨.

– 義務(의무) 定義(정의) 意義(의의) 道義(도의)

- 儀(법도 의, yí) : ‘人(인)’[뜻]과 ‘義’[뜻/소리]가 합쳐져 ‘사람이 지켜야 할 옳은 행동’을 표현한 글자임. 여기에서 ‘법도’, ‘법식’, ‘본보기’, ‘예의’ 등 의미로 引伸됨.

– 儀典(의전) 儀式(의식) 禮儀(예의) 賻儀(부의)

- 議(논의하다 의, yì) : ‘言(언)’[뜻]과 ‘義’[뜻/소리]가 합쳐져 ‘의논하여 옳게 정하다’를 표현한 글자임. 여기에서 ‘논의하다’, ‘토론하다’, ‘의견’, ‘주장’ 등 의미로 引伸됨.

– 論議(논의) 審議(심의) 協議(협의) 提議(제의)

- 餓(굶다 아, è) : ‘食(식)’[뜻]과 ‘我’가[소리] 합쳐져 ‘굶주리다’를 표현한 글자임.

– 飢餓(기아) 餓死(아사)

088. 歺【뼈 알, è】

商	西周	春秋戰國	秦	漢	韓國	中國
歺	歺	歺	歺	歺 歹	歺/歹	歺/歹

本義는 불분명함.105) 漢代에 가로획 '一'이 좌우로 관통된 '歹'이 만들어져 혼용되고 있음.

* 관련한자

商	西周	春秋戰國	秦	漢	韓國	中國
–	–	列	列	列	列	列
–	–	裂	裂	裂	裂	裂
–	–	–	烈	烈	烈	烈
–	–	–	例	例	例	例
–	–	–	殊	殊	殊	殊
–	–	–	–	殉	殉	殉

- 列(벌어지다 렬, liè) : '歹'뜻과 '刀(도)'뜻가 합쳐져 '칼로 잘라 벌려 놓음'을 표현한 글자임. 여기에서 '분해하다', '갈라지다', '늘어서다', '진열하다' 등 의미로 引伸됨.

– 羅列(나열) 陳列(진열) 列擧(열거) 系列(계열)

- 裂(찢다 열, liè) : '衣(의)'뜻와 '列'뜻/소리이 합쳐져 '옷이 여러 갈래로 찢어지다'를 표현한 글자임. 여기에서 '쪼개다', '분할하다' 등 의미로 引伸됨.

– 決裂(결렬) 分裂(분열) 龜裂(균열)

---

105) '부서진 뼈' 혹은 '사물이 쪼개진 모습' 등 견해가 있음. '歺/歹'이 포함된 글자는 대부분 '갈라지다', '부서지다', '죽음' 등 부정적 의미를 내포하고 있음.

• 烈(세차다 열, liè) : '火(화)'[뜻]와 '列'[뜻/소리]이 합쳐져 '불길이 세차게 여러 갈래로 갈라지다'를 표현한 글자임. 여기에서 '세차다', '거칠다', '사납다' 등 의미로 引伸됨.

– 激烈(격렬)　强烈(강렬)　熾烈(치열)　烈士(열사)

• 例(법식 예, lì) : '人(인)'[뜻]과 '列'[뜻/소리]이 합쳐져 '사람이 차례로 열 지어 선 모습'을 표현한 글자임. 여기에서 '의례', '본보기', '규칙', '조목' 등 의미로 引伸됨.

– 例外(예외)　例事(예사)　慣例(관례)　條例(조례)

• 殊(다르다 수, shū) : '歹'[뜻]과 '朱(주)'[소리]가 합쳐져 '죽이다'를 표현한 글자임. 여기에서 '끊어지다', '분리하다', '다르다' 등 의미로 引伸됨.

– 特殊(특수)

• 殉(따라 죽다 순, xùn) : '歹'[뜻]과 '旬(순)'[소리]이 합쳐져 '따라 죽다'를 표현한 글자임. 여기에서 '따르다', '추구하다', '(목숨을)바치다' 등 의미로 引伸됨.

– 殉葬(순장)　殉國(순국)　殉職(순직)　殉愛(순애)

089. 卬【고개 들다 **앙**, yǎng】

商	西周	春秋戰國	秦	漢	韓國	中國
–	–	–	卬	卬	卬	卬

‘꿇어앉아 서 있는 사람을 올려다보는 모습’을 표현한 글자임. 여기에서 ‘우러러보다’, ‘바라다’, ‘따르다’, ‘의지하다’ 등 의미로 引伸됨.

* 관련한자

商	西周	春秋戰國	秦	漢	韓國	中國
–	–	–	仰	仰	仰	仰
–	–	–	昂	昂	昂	昂
–	–	迎	迎	迎	迎	迎

- 仰(우러러보다 앙, yǎng) : ‘人’[뜻]과 ‘卬’[뜻/소리]이 합쳐져 ‘타인을 우러러보다’를 표현한 글자임. 여기에서 ‘바라다’, ‘따르다’, ‘의지하다’ 등 의미로 引伸됨.

– 仰慕(앙모) 信仰(신앙) 推仰(추앙) 久仰(구앙)

- 昂(높다 앙, áng) : ‘日(일)’[뜻]과 ‘卬’[뜻/소리]이 합쳐져 ‘태양이 높게 떠오르다’를 표현한 글자임. 여기에서 ‘높다’, ‘오르다’, ‘밝다’ 등 의미로 引伸됨.

– 激昂(격앙)

- 迎(맞이하다 영, yíng) : ‘辵(착)’[뜻]과 ‘卬’[소리]이 합쳐져 ‘오는 사람을 맞이하다’를 표현한 글자임. 여기에서 ‘맞추다’, ‘~를 향하다’ 등 의미로 引伸됨.

– 迎入(영입) 迎賓(영빈) 迎合(영합)

090. 也【어조사 야, yě】

商	西周	春秋戰國	秦	漢	韓國	中國
–					也	也

'어린아이가 입을 벌려 크게 우는 모습'을 표현한 글자임.[106] 후에 어조사로 假借되자, '口(구)'뜻와 '虒(제)'소리가 합쳐진 '嗁(울다 제, tí)'가 파생됨.[107] '也'와 '它(타)'는 모양과 발음이 유사하여 고문자에서 자주 혼용되었음.

* 관련한자

商	西周	春秋戰國	秦	漢	韓國	中國
–	–				佗	佗
–	–	–	–		他	他
–	–				地	地
–					池	池

- 佗(짊어지다 타, tuó) : '人'뜻과 '它(타)'소리가 합쳐져 '짐을 짊어지다'를 표현한 글자임. 후에 대명사 '다른 사람', '다른 곳'으로 假借되자, '人'이 '馬(마)'뜻로 바뀐 '駝(낙타 타, tuó)'와 '他'가 파생됨.

– 駱駝(낙타) 駝鳥(타조)

- 他(다르다 타, tā) : '人'뜻과 '也'소리가 합쳐져 '다른 사람'을 표현한 글자임. 여기에서 '다른 곳', '다르다' 등 의미로 引伸됨.

– 他意(타의) 自他(자타) 排他(배타) 依他(의타)

---

106) 많은 異見이 있지만, 최근 학계에서 '嗁'의 초기 字形으로 보는 견해가 지배적임.
107) '嗁'에서 다시 소리 요소를 '帝(제)'로 바꾼 '啼(울다 제, tí)'가 파생됨.

• 地(땅 지, dì) : '土(토)'뜻에 '它'소리가 합쳐져 '땅'을 표현한 글자임. 여기에서 '영토', '장소', '처지', '바탕' 등 의미로 引伸됨. 秦代에 '它'가 '也'로 바뀌어 현재의 모양을 만듦.

– 地域(지역) 地位(지위) 餘地(여지) 窮地(궁지)

• 池(연못 지, chí) : '水(수)'뜻와 '它'소리가 합쳐져 '연못'을 표현한 글자임. 漢代에 '它'가 '也'로 바뀌어 현재의 모양을 만듦.

– 天池(천지) 貯水池(저수지) 乾電池(건전지) 雁鴨池(안압지)

091. 羊【동물 **양**, yáng】

商	西周	春秋戰國	秦	漢	韓國	中國
					羊	羊

굽어있는 뿔을 강조하여 '양'을 표현한 글자임. 다른 글자와 함께 사용될 때, 모양이 '⺶'으로 생략되기도 함.

* 관련한자

商	西周	春秋戰國	秦	漢	韓國	中國
–					善	善
					美	美
	–				養	养
					羞	羞

- 善(착하다 선, shàn) : 두 개의 '言(언)'과 '羊'이 합쳐진 구조임. '誩'은 점차 '言'으로 생략되었고, '羊'과 합쳐져 현재의 모양을 만듦. 本義는 불분명하며, '착하다', '훌륭하다', '잘하다' 등 의미로 사용됨.[108]

– 善意(선의) 善戰(선전) 先導(선도) 獨善(독선)

- 美(아름답다 미, měi) : '大(대)'[뜻]와 '羊'[뜻]이 합쳐져 '사람이 양가죽을 덮어쓰고 예쁘게 치장한 모습'을 표현한 글자임. 여기에서 '좋다', '뛰어나다', '맛있다' 등 긍정적 의미로 引伸됨.

– 美德(미덕) 美容(미용) 美貌(미모) 歐美(구미)

- 養(기르다 양, yǎng) : '羊'[뜻]과 '攴(복)'[뜻]이 합쳐져 '손에 막대를 쥐고 양을 몰고 있는 모습'을 표현한 글자임.[109] 여기에서 '기르다', '가꾸다', '봉양하다' 등 의미로 引伸됨. 秦代에 '食'[뜻]과 '羊'[소리]의 구조로 변형됨.

– 養育(양육) 養成(양성) 奉養(봉양) 療養(요양)

---

108) '誩'과 '美'의 생략형이 합쳐진 구조로 보는 견해도 있음.

109) '소를 모는 모습'인 牧(목)과 동일한 구조임.

• 羞(부끄럽다 수, xiū) : '羊'뜻과 '又(우)'가 합쳐져 '제사에 양을 제물로 바치는 상황'을 표한한 글자로 추정됨. 여기에서 '(음식을)올리다', '음식' 등 의미로 引伸됨. '수줍어하다', '수치스럽다' 등 의미는 假借된 것임. 秦代에 '又'가 '丑(축)'소리으로 바뀌어 현재의 모양을 만듦.

– 羞恥(수치) 沈魚羞花(침어수화) 珍羞盛饌(진수성찬)

092. 襄【돕다 양, xiāng】

商	西周	春秋戰國	秦	漢	韓國	中國
				–	毀	毀
–					襄	襄

'毀(녕)'은 '人(인)'을 기반으로 만들어진 글자이며, 西周시대에 '土(토)'와 '攴(복)'이 추가되면서 모양에 큰 변화가 생김. '襄'은 '衣(의)'[뜻]와 '毀'[소리]이 합쳐져 '웃옷을 벗고 농사일을 하다'를 표현한 글자로 추정됨. 여기에서 '돕다', '오르다', '이루다' 등 의미로 引伸됨.

* 관련한자

商	西周	春秋戰國	秦	漢	韓國	中國
–	–				壤	壤
–	–				讓	让
–	–	–			釀	酿

- 壤(땅 양, rǎng) : '土(토)'[뜻]과 '襄'[소리]이 합쳐져 '기름진 부드러운 흙덩이'를 표현한 글자임. 여기에서 '토지', '영토', '국경' 등 의미로 引伸됨.

– 土壤(토양) 平壤(평양) 天壤之差(천양지차)

- 讓(양보하다, ràng) : '言(언)'[뜻]과 '襄'[소리]이 합쳐져 '질책하다'를 표현한 글자임. 여기에서 '양보하다', '겸손하다' 등 의미로 引伸됨.

– 讓步(양보) 讓渡(양도) 分讓(분양) 辭讓(사양)

- 釀(술 빚다 양, niàng) : '酉(유)'[뜻]와 '襄'[소리]이 합쳐져 '술을 빚다'를 표현한 글자임. 여기에서 '술', '천천히 만들다', '조성해 내다' 등 의미로 引伸됨.

– 釀造(양조) 醞釀(온양)

093. 魚【물고기 어, yú】

商	西周	春秋戰國	秦	漢	韓國	中國
					魚	鱼

'물고기'를 구체적으로 표현한 글자임. 꼬리가 점차 '火(화)'로 변형되어 현재의 모양을 만듦.

* 관련한자

商	西周	春秋戰國	秦	漢	韓國	中國
		–			漁	渔
					魯	鲁
–					鱻	鱻
–					鮮	鲜

- 漁(고기 잡다 어, yú) : '水(수)'뜻와 '魚'뜻/소리가 합쳐져 '물고기 잡다'를 표현한 글자임. 여기에서 '어부'로 引伸됨.

– 漁夫(어부) 漁船(어선) 漁撈(어로) 漁場(어장)

- 魯(노나라 노, lǔ) : '魚'뜻에 '口'부호를 추가해 파생된 글자로 추정됨.[110] '口'는 점차 '甘(감)' 또는 '自(자)'의 생략형으로 변형되었고, 漢代에 다시 '曰(왈)'로 변형되어 현재의 모양을 만듦. '국명', '지명', '성씨' 및 '미련하다', '거칠다'는 假借된 것임.

– 魚魯不辨(어로불변) 鄒魯之鄉(추로지향)

- 鱻(신선하다 선, xiān) : 세 개의 '魚'가 합쳐져 '살아 있는 신선한 물고기'를 표현한 글자임. 후에 '鮮'이 파생되어 '鱻'을 대체함.
- 鮮(선명하다 선, xiān) : '魚'와 '羴(전)'소리의 생략형이 합쳐져 '신선한 물고기'를 표현한 글자임. 여기에서 '싱싱하다', '선명하다', '곱다' 등 의미로 引伸됨. '드물다', '조선' 등 의미는 假借된 것임.

– 鮮明(선명) 鮮度(선도) 新鮮(신선) 朝鮮(조선)

---

110) '그릇에 담긴 생선'으로 보는 견해도 있음.

094. 㫃【깃발 **언**, yǎn】

商	西周	春秋戰國	秦	漢	韓國	中國
					㫃	㫃

‘휘날리는 깃발’을 표현한 글자임. 다른 글자와 함께 사용될 때, 모양이 ‘方𠂉’으로 변형됨.

* 관련한자

商	西周	春秋戰國	秦	漢	韓國	中國
–	–				旗	旗
					旅	旅
					族	族
					旋	旋

- 旗(깃발 기, qí) : ‘㫃’[뜻]과 ‘其(기)’[소리]가 합쳐져 ‘깃발’을 표현한 글자임. 여기에서 ‘표식’, ‘특징’ 등 의미로 引伸됨.

– 旗幟(기치) 白旗(백기) 反旗(반기) 國旗(국기)

- 旅(여행하다 려, lǚ) : ‘㫃’[뜻]과 ‘从’[뜻]이 합쳐져 ‘깃발 아래 모인 군인’을 표현한 글자임. 여기에서 ‘군대 편제’, ‘군사’, ‘무리’, ‘이동’, ‘객지’, ‘여행’ 등 의미로 引伸됨. ‘从’이 점차 ‘㐆’로 변형되어 현재의 모양을 만듦.

– 旅行(여행) 旅券(여권) 旅客(여객) 旅館(여관)

- 族(종족 족, zú) : ‘㫃’[뜻]과 ‘矢(시)’[뜻]가 합쳐져 ‘깃발 아래 화살을 쌓아둔 모습’을 표현한 글자임. 여기에서 ‘씨족’, ‘친족’, ‘무리’ 등 의미로 引伸됨.[111]

– 族屬(족속) 親族(친족) 遺族(유족) 宗族(종족)

- 旋(돌다 선, xuán) : ‘㫃’[뜻]과 ‘足(족)’[뜻]이 합쳐져 ‘깃발을 중심으로 회전하는 모습’을 표현한 글자임. 여기에서 ‘돌다’, ‘돌아오다’, ‘두루두루 살피다’ 등 의미로 引伸됨. ‘足’이 점차 ‘疋(소)’로 바뀌어 현재의 모양을 만듦.

– 凱旋(개선) 旋回(선회) 斡旋(알선) 周旋(주선) 旋風的(선풍적)

111) 국가의 형태가 만들어지기 이전에는 氏族 단위 전쟁이었음.

095. 言【말씀 **언**, yán】

商	西周	春秋戰國	秦	漢	韓國	中國
言	言	言	言	言	言	言

‘舌(설)’의 위쪽에 부호(-)를 추가하여 ‘말하다’를 표현한 글자임. 여기에서 ‘말’, ‘글’ 등 의미로 引伸됨. 春秋戰國시대에 짧은 획이 하나 더 추가되고, 직선으로 펴지면서 현재의 모양을 만듦.

* 관련한자

商	西周	春秋戰國	秦	漢	韓國	中國
–	–	語	語	語	語	语
–	–	詞	詞	詞	詞	词
–	–	論	論	論	論	论
–	–	謂	謂	謂	謂	谓

- 語(말씀 어, yǔ) : ‘言’뜻과 ‘吾(오)’소리가 합쳐져 ‘말’, ‘이야기’를 표현한 글자임.

– 語彙(어휘) 語塞(어색) 語源(어원) 土着語(토착어)

- 詞(말씀 사, cí) : ‘言’뜻과 ‘司(사)’소리가 합쳐져 ‘글’, ‘문장’을 표현한 글자임.

– 品詞(품사) 作詞(작사) 歌詞(가사) 臺詞(대사)

- 論(논의하다 논, lùn) : ‘言’뜻과 ‘侖(윤)’소리이 합쳐져 ‘토론하다’를 표현한 글자임.

– 論難(논란) 論據(논거) 擧論(거론) 輿論(여론)

- 謂(가리키다 위, wèi) : ‘言’뜻과 ‘胃(위)’소리가 합쳐져 ‘일컫다’, 알려주다’를 표현한 글자임.

– 所謂(소위)

096. 舁【마주 들다 **여**, yú】

商	西周	春秋戰國	秦	漢	韓國	中國
–	–	–	舁	–	舁	舁

위의 두 손(臼)과 아래 두 손(廾)이 합쳐져 '함께 들다'를 표현한 글자임. 후에 '与(여)'[소리]를 추가한 '與'가 파생됨.

* 관련한자

商	西周	春秋戰國	秦	漢	韓國	中國
–	與	與	與	與	與	与
–	–	–	擧	擧	擧	举
興 興	興	興	興	興	興	兴
–	–	譽	譽	譽	譽	誉

- 與(주다/함께 여, yǔ/참여하다 여, yù) : '舁'와 '牙(아)'[소리]가 합쳐져 '함께 들다'를 표현한 글자임. 여기에서 '함께', '참여하다', '주다' 등 의미로 引伸됨. '牙'가 발음이 유사한 '与(여)'로 바뀌어 현재의 모양을 만듦.

– 寄與(기여) 授與(수여) 與黨(여당) 參與(참여)

- 擧(들다 거, jǔ) : '手(수)'[뜻]와 '與'[뜻/소리]가 합쳐져 '들어 올리다'를 표현한 글자임.

– 選擧(선거) 擧動(거동) 擧國(거국) 快擧(쾌거)

- 興(일으키다 흥, xīng/xìng) : '舁'[뜻]와 '凡(범)'[뜻]이 합쳐져 '함께 담가(擔架)를 들어 올리는 상황'을 표현한 글자임. 여기에서 '일으키다', '시작하다', '흥겹다' 등 의미로 引伸됨. 西周시대에 '凡' 아래에 '口(구)'가 추가되어 '同(동)'[뜻/소리]으로 바뀌면서 현재의 모양을 만듦.

– 興味(흥미) 興奮(흥분) 振興(진흥) 卽興(즉흥)

- 譽(명예 예, yù) : '言(언)'[뜻]과 '與'[소리]가 합쳐져 '칭송하다'를 표현한 글자임. 여기에서 '좋은 평판', '칭찬' 등 의미로 引伸됨.

– 名譽(명예) 榮譽(영예)

097. 亦【또 역, yì】

商	西周	春秋戰國	秦	漢	韓國	中國
[illegible]	[illegible]	[illegible]	[illegible]	[illegible]	亦	亦
–	–	[illegible] [illegible]	–	[illegible]	腋	腋

사람(大)의 겨드랑이 부위에 '획'을 추가하여 '겨드랑이'를 표현한 글자임. '大'가 '亣'로 변형되면서 현재의 모양을 만듦. '또', '역시' 등 의미로 假借되자, '肉(月)'뜻과 '亦'뜻/소리이 합쳐진 글자가 파생되었고, '亦'이 다시 단순 소리기능의 '夜(야)'로 바뀌면서 '腋(겨드랑이 액, yè)'이 파생됨.

* 관련한자

商	西周	春秋戰國	秦	漢	韓國	中國
[illegible]	[illegible]	[illegible]	[illegible]	[illegible]	夜	夜
–	[illegible]	–	[illegible]	[illegible]	液	液
–	[illegible]	[illegible]	[illegible] [illegible]	[illegible]	迹	迹

- 夜(밤 야, yè) : '夕(석)'뜻 또는 '月(월)'뜻과 '亦(역)'소리의 생략형이 합쳐져 '달이 떠오른 때'를 표현한 글자임. 漢代 이후 모양이 급격히 변형되어 현재의 모양을 만듦.

– 夜光(야광) 夜景(야경) 晝夜(주야) 徹夜(철야)

- 液(액체 액, yè/yì) : '水(수)'뜻와 '夜(야)'소리가 합쳐져 '액체'를 표현한 글자임.

– 液體(액체) 液晶(액정) 唾液(타액)

- 迹(발자취 적, jì) : '辵(착)'뜻과 '朿(자)'소리가 합쳐져 '발자국'을 표현한 글자임. 여기에서 '자취', '행적', '업적' 등 의미로 引伸됨. 秦代에 '朿'가 모양과 소리가 유사한 '亦'으로 바뀌어 현재의 모양을 만듦.[112]

– 痕迹/痕跡(흔적) 潛迹/潛跡(잠적) 人迹/人跡(인적) 蹤迹/蹤跡(종적)

---

112) '跡(적)'과 '蹟(적)'은 異體字임. 한국에서는 세 글자가 혼용되나, 중국에서는 '迹'으로 통일함.

098. 睪【엿보다 역, yì】

商	西周	春秋戰國	秦	漢	韓國	中國
					睪	睪

‘目(목)’[뜻]과 ‘矢(시)’[소리]가 합쳐져 ‘눈으로 보다’를 표현한 글자임. ‘矢’는 점차 ‘大(대)’, ‘㚔(행)’, ‘幸(행)’으로 변형되어 현재의 모양을 만듦.[113]

* 관련한자

商	西周	春秋戰國	秦	漢	韓國	中國
–	–				澤	泽
–	–				擇	择
–	–	–			釋	释
–	–				譯	译

- 澤(못 택, zé) : ‘水(수)’[뜻]와 ‘睪’[소리]이 합쳐져 ‘물이 괴어 있는 곳’을 표현한 글자임. 여기에서 ‘늪’, ‘윤택’, ‘덕택’ 등 의미로 引伸됨.

– 潤澤(윤택) 德澤(덕택) 惠澤(혜택) 光澤(광택)

- 擇(고르다 택, zé) : ‘手(수)’[뜻]와 ‘睪’[소리]이 합쳐져 ‘손으로 가려 뽑다’를 표현한 글자임. 여기에서 ‘고르다’, ‘선택하다’, ‘분간하다’ 등 의미로 引伸됨.

– 擇一(택일) 擇日(택일) 選擇(선택) 採擇(채택)

- 釋(풀다 석, shì) : ‘釆(분별하다 변)’[뜻]과 ‘睪’[소리]이 합쳐져 ‘사물을 분별하다’를 표현한 글자임. 여기에서 ‘풀다’, ‘깨닫다’, ‘설명하다’, ‘놓아주다’ 등 의미로 引伸됨.

– 釋然(석연) 釋放(석방) 稀釋(희석) 註釋/注釋(주석)

- 譯(번역 역, yì) : ‘言(언)’[뜻]과 ‘睪’[소리]이 합쳐져 ‘어떤 말을 다른 말로 바꾸는 것’을 표현한 글자임.

– 飜譯(번역) 通譯(통역) 誤譯(오역) 音譯(음역)

---

113) 이로 인해 ‘죄인을 몰래 감시하다’라는 의미로 잘못 해석됨.

099. 延【끌다 **연**, yán】

商	西周	春秋戰國	秦	漢	韓國	中國
					延	延

'辵'에서 파생된 글자임. '彳(척)'의 마지막 획이 길어지고, '止'의 위쪽에 '丿'이 추가되어 현재의 모양을 만듦. 本義는 '천천히 걷다'이며, 여기에서 '늘이다', '끌다', '지체되다' 등 의미로 引伸됨.

* 관련한자

商	西周	春秋戰國	秦	漢	韓國	中國
–	–	–			誕	诞
–					廷	廷
					建	建

- 誕(탄생하다 탄, dàn) : '言(언)'뜻과 '延'소리이 합쳐져 '말을 늘이고 과장하다'를 표현한 글자임. '낳다', '탄생하다' 등 의미는 假借된 것임.

– 誕生(탄생) 誕辰(탄신) 聖誕(성탄)

- 廷(조정 정, tíng) : '공간'을 뜻하는 'ㄴ'과 '土(토)', 그리고 '人(인)'이 합쳐져 '사람이 대문과 방 사이의 뜰에 서 있는 모습'을 표현한 글자로 추정됨. 여기에서 '관아', '조정' 등 의미로 引伸되자, '广(엄)'뜻을 추가한 '庭(뜰 정, tíng)'이 파생됨. 秦代에 'ㄴ'은 '廴'으로, '人'과 '土'는 '壬(정)'으로 변형되어 현재의 모양을 만듦.

– 朝廷(조정) 法廷(법정) 庭園(정원) 家庭(가정)

- 建(세우다 건, jiàn) : '사람이 특정 장소에서 기둥을 세우는 모습'을 표현한 글자로 추정됨. 여기에서 '세우다', '일으키다', '만들다' 등 의미로 引伸됨. 秦代에 'ㄴ'은 '廴'으로, 기둥을 잡은 사람은 '聿(율)'로 변형되어 현재의 모양을 만듦.

– 建築(건축) 建設(건설) 建議(건의) 創建(창건)

100. 永【길다 **영**, yǒng】

商	西周	春秋戰國	秦	漢	韓國	中國
					永	永

‘이동’을 표현한 ‘彳(척)’과 ‘흐르는 물결’을 표현한 ‘ㅓ’이 합쳐져 ‘흐르는 물결’을 표현한 글자로 추정됨.[114] 여기에서 ‘길다’, ‘오래다’, ‘멀다’ 등 의미로 引伸됨.

* 관련한자

商	西周	春秋戰國	秦	漢	韓國	中國
–	–	–			泳	泳
–		–			詠	咏
–					羕	羕
–	–	–		–	樣	样

- 泳(헤엄치다 영, yǒng) : ‘水’[뜻]와 ‘永’[뜻/소리]이 합쳐져 ‘수영하다’를 표현한 글자임.

– 平泳(평영) 背泳(배영) 蝶泳(접영) 混泳(혼영)

- 詠(읊다 영, yǒng) : 원래 ‘口(구)’[뜻]와 ‘永’[뜻/소리]이 합쳐져 ‘입으로 소리를 길게 읊조리다’를 표현한 글자임. 秦代에 ‘口’가 ‘言(언)’으로 바뀌어 현재의 모양을 만듦.

– 詠史詩(영사시) 吟風詠月(음풍영월)

- 羕(길다 양, yàng) : ‘永’[뜻]과 ‘羊(양)’[소리]이 합쳐져 ‘길게 흐르는 물’을 표현한 글자임. 여기에서 ‘길다’, ‘겉모양’ 등 의미로 引伸됨.
- 樣(모양 양, yàng) : ‘木(목)’[뜻]과 ‘羕(양)’[소리]이 합쳐져 ‘상수리나무’를 표현한 글자임. 여기에서 ‘모양’, ‘격식’ 등 의미로 假借되자, ‘羕’을 ‘象(상)’[소리]으로 바꾼 ‘橡(상수리나무 상, xiàng)’이 파생됨.

– 樣式(양식) 樣相(양상) 模樣(모양) 多樣(다양)

---

114) 사람(人)과 물(水), 그리고 길거리(彳)가 합쳐져 ‘헤엄쳐 앞으로 나아가는 모습’이라는 견해도 있음.

101. 埶【재주 **예**, yì】

商	西周	春秋戰國	秦	漢	韓國	中國
[illegible]	[illegible]	[illegible]	[illegible]	[illegible]	埶	埶

'丮(극)'[뜻]과 '木(목)'[뜻]이 합쳐져 '무릎 꿇고 앉아 두 손으로 묘목을 심는 모습'을 표현한 글자임. 여기에서 '심다', '재능', '학문' 등 의미로 引伸됨. '木'과 '土(토)'가 합쳐져 '坴(육)'으로 변형되었고, '丮'은 '丸(환)'으로 변형되어 현재의 모양을 만듦.

* 관련한자

商	西周	春秋戰國	秦	漢	韓國	中國
–	–	–	–	[illegible]	藝	艺
–	–	[illegible]	[illegible]	[illegible]	熱	热
–	–	–	[illegible]	–	勢	势
–	[illegible]	[illegible]	[illegible]	–	褻	亵

- 藝(재주 예, yì) : '埶'에 '艸(초)'[뜻]와 '云(운)'[소리]이 추가되어 파생된 글자임.
  - 藝術(예술)　藝能(예능)　文藝(문예)　演藝(연예)
- 熱(덥다 열, rè) : '火(화)'[뜻]와 '埶'[소리]가 합쳐져 '온도가 높음'을 표현한 글자임. 여기에서 '불기운이 세다', '흥분하다', '왕성하다' 등 의미로 引伸됨.
  - 熱狂(열광)　熱心(열심)　過熱(과열)　斷熱(단열)
- 勢(형세 세, shì) : '力(력)'[뜻]과 '埶'[소리]가 합쳐져 '권세'를 표현한 글자임. 여기에서 '형세', '기세' 등 의미로 引伸됨.
  - 勢力(세력)　姿勢(자세)　趨勢(추세)　實勢(실세)
- 褻(음란하다 설, xiè) : '衣(의)'[뜻]와 '埶'[소리]가 합쳐져 '편하게 입는 옷' 또는 '속옷'을 표현한 글자임. 여기에서 '가볍게 여기다', '무시하다', '수준이 낮다' 등 의미로 引伸됨.
  - 猥褻(외설)

102. 幺【작다 요, yāo】

商	西周	春秋戰國	秦	漢	韓國	中國
[illegible]	[illegible]	[illegible]	[illegible]	[illegible]	幺	幺

'작은 실 뭉치' 또는 '실 한 가닥'을 표현한 글자임. 여기에서 '작다', '어리다', '여리다' 등 의미로 引伸됨.

* 관련한자

商	西周	春秋戰國	秦	漢	韓國	中國
[illegible]	[illegible]	[illegible]	[illegible]	[illegible]	幼	幼
–	–	[illegible]	[illegible]	[illegible]	玄	玄
–	[illegible]	[illegible]	[illegible]	[illegible]	幻	幻
[illegible]	[illegible]	[illegible]	[illegible]	[illegible]	後	后

• 幼(어리다 유, yòu) : '力(력)'[뜻]과 '幺'[뜻/소리]가 합쳐져 '힘이 없는 어린 아이'를 표현한 글자임. 여기에서 '어리다', '미숙하다' 등 의미로 引伸됨.

– 幼兒(유아) 幼年(유년) 幼稚(유치) 幼蟲(유충)

• 玄(검다 현, xuán) : '幺'에 가로 획 '一'을 추가해 파생된 글자로 추정됨. 실 한 가닥은 희미하여 분별하기 어렵기에 '아득하다', '멀다', '깊다', '오묘하다' 등 의미로 引伸됨. 또한 '아득하다'에서 '검다', '검붉다' 등 의미로 다시 引伸됨.

– 玄米(현미) 玄關(현관) 玄孫(현손) 玄妙(현묘)

• 幻(헛보이다 환, huàn) : '아득하다'를 표현하기 위해, '幺'에 곡선을 추가해 파생된 글자로 추정됨. '여기에서 '헛보이다', '미혹하다' 등 의미로 引伸됨.

– 幻想(환상) 幻覺(환각) 幻影(환영)

• 後(뒤 후, hòu) : '夊(치)'[뜻]와 '幺(요)'[소리]가 합쳐져 '뒤쳐져 걷다'를 표현한 글자임.[115] 여기에서 '뒤쪽', '뒤지다', '늦다' 등 의미로 引伸됨. 西周시대에 '彳(척)'[뜻]이 추가되어 현재의 모양을 만듦.

– 後悔(후회) 後援(후원) 追後(추후) 背後(배후)

---

115) '발을 끈(糸)으로 묶어 걸음이 늦다'로 보는 견해도 있음.

103. 牛【소 우, niú】

商	西周	春秋戰國	秦	漢	韓國	中國
					牛	牛

두 개의 뿔을 강조해 ‘소의 얼굴’을 간략하게 표현한 글자임. 다른 글자와 함께 사용될 때 모양이 ‘牜’, ‘⺧’으로 변형되기도 함.

* 관련한자

商	西周	春秋戰國	秦	漢	韓國	中國
					告	告
	–	–			物	物
–	–	–			特	特
	–	–			牽	牵

• 告(알리다 고, gào) : ‘牛’[뜻]와 ‘口(구)’[뜻]가 합쳐져 ‘소를 제물로 바치고 기도하다’를 표현한 글자임. 여기에서 ‘고하다’, ‘하소연하다’, ‘알리다’ 등 의미로 引伸됨.

– 告白(고백)　告別(고별)　廣告(광고)　勸告(권고)

• 物(물건 물, wù) : ‘牛’[뜻]와 ‘勿(물)’[소리]이 합쳐져 ‘여러 색이 섞인 잡색 소’를 표현한 글자임. 여기에서 ‘여러 가지 물건’, ‘사물’ 등 의미로 引伸됨.

– 物議(물의)　物色(물색)　膳物(선물)　賂物(뇌물)

• 特(특별하다 특, tè) : ‘牛’[뜻]와 ‘寺(사)’[소리]가 합쳐져 ‘크고 힘센 소’를 표현한 글자임. 여기에서 ‘특별하다’, ‘뛰어나다’ 등 의미로 引伸됨.

– 特殊(특수)　特徵(특징)　獨特(독특)　特效(특효)

• 牽(끌다 견, qiān) : ‘牛’[뜻]와 ‘玄(현)’[소리]이 합쳐져 ‘소를 끌고 가다’를 표현한 글자임. 중간의 ‘冂’은 ‘코뚜레’ 또는 ‘끈’으로 추정됨. 여기에서 ‘이끌다’, ‘강제하다’, ‘매이다’, ‘관련되다’ 등 의미로 引伸됨.

– 牽引(견인)　牽制(견제)　牽强附會(견강부회)

104. 右【오른쪽 우, yòu】

商	西周	春秋戰國	秦	漢	韓國	中國
					又	又
–					右	右

다섯 손가락을 셋으로 줄여 '오른손'을 표현한 글자임. 여기에서 '오른쪽', '도와주다'로 引伸됨. '또한', '다시'로 假借되자, '口'[부호]를 추가한 '右'가 파생됨.

* 관련한자

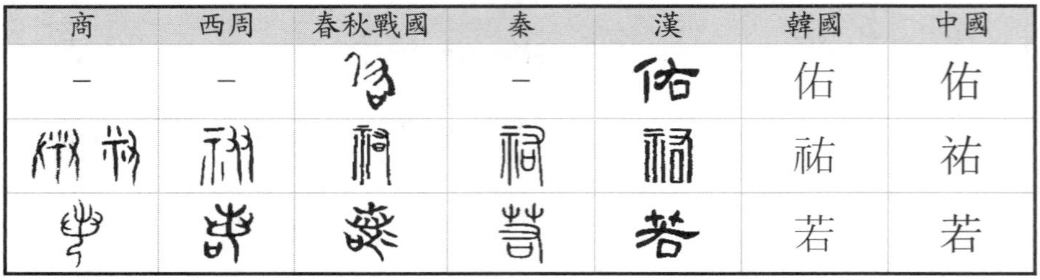

商	西周	春秋戰國	秦	漢	韓國	中國
–	–		–		佑	佑
					祐	祐
					若	若

- 佑(돕다 우, yòu) : '人(인)'[뜻]과 '右'[뜻/소리]가 합쳐져 '돕다'를 표현한 글자임.

– 天佑神助(천우신조)　保佑(보우)

- 祐(돕다 우, yòu) : '두 손으로 귀신(示)을 받든 상황'을 표현한 글자임. 商代에 두 손이 한 손으로 생략되었고, 西周시대에는 '友(우)'[소리]가 추가되었음. 春秋戰國시대에 다시 '右'[뜻/소리]로 변경되어 현재의 모양을 만듦. 원래 신의 도움을 뜻하였으나 현재는 '佑'와 구별 없이 혼용되고 있음.

- 若(만약 약, ruò) : '머리를 풀고 꿇어앉아 양 손을 높이 들어 항복'을 표현한 글자임.116) 여기에서 '항복하다', '순종하다', '따르다', '동의하다', '같다' 등 의미로 引伸되었고, '만약', '대략'은 假借된 것임. 西周시대에 의미 없는 '口'[부호]가 추가되었고, 春秋戰國시대에 머리카락은 '屮'로, 양 손은 합쳐져 '𠙴'로, 오른쪽 하단에는 좌우 균형을 맞추기 위해 의미 없는 '='[부호]가 추가됨. 秦代에 '屮'은 '艸'로, 나머지 부분이 '右'로 변형되어 현재의 모양을 만듦. 후에 '言(언)'[뜻]을 추가한 '諾(허락하다 낙, nuò)'이 파생됨.

– 萬若(만약)　若干(약간)　許諾(허락)　承諾(승낙)

---

116) 양손으로 머리카락을 정리하는 모습이라는 견해도 있음.

105. 羽【깃털 우, yǔ】

商	西周	春秋戰國	秦	漢	韓國	中國
					羽	羽

'(새의)날개 부분 깃털'을 표현한 글자임. 후에 좌우 두 개로 분리되어 현재의 모양을 만듦.

* 관련한자

商	西周	春秋戰國	秦	漢	韓國	中國
–	–				飛	飞
–	–				翼	翼
	–				習	习

• 飛(날다 비, fēi) : '새가 날개를 펴고 나는 모습'을 표현한 글자임. 여기에서 '오르다', '떨어지다', '빠르다' 등 의미로 引伸됨.

– 飛上(비상) 飛行(비행) 飛躍(비약) 雄飛(웅비)

• 翼(날개 익, yì) : '飛'뜻 또는 '羽'뜻와 '異(이)'소리가 합쳐져 '새의 날개'를 표현한 글자임. 여기에서 '양쪽', '파벌' 등 의미로 引伸됨.

– 左翼(좌익) 右翼(우익) 鶴翼陣(학익진)

• 習(배우다 습, xí) : '日(일)'뜻과 '彗(혜)'소리가 합쳐진 글자로 추정됨. '반복하다', '익히다' 등 의미는 假借된 것임. '彗'는 점차 모양이 유사한 '羽'로 변형되었고, '日'은 '白'으로 변형되어 현재의 모양을 만듦.

– 習慣(습관) 習作(습작) 弊習(폐습) 舊習(구습)

106. 雨【비 우, yǔ】

商	西周	春秋戰國	秦	漢	韓國	中國
雨	雨	雨	雨	雨	雨	雨

'하늘(一)에서 비가 내리는 상황'을 표현한 글자임.

* 관련한자

商	西周	春秋戰國	秦	漢	韓國	中國
云	–	云	雲	雲	雲	云
雪	雪	雪	雪	雪	雪	雪
–	–	露	露	露	露	露
–	–	–	震	震	震	震
–	–	–	漏	漏	漏	漏
霝	霝	霝	霝	–	霝	霝
–	–	–	零	零	零	零
–	–	靈 靈	靈 靈	靈 靈	靈	灵

• 雲(구름 운, yún) : '구름의 모양'을 표현한 글자임. 여기에서 '높다', '멀다', '형세' 등 의미로 引伸됨. 원래 '云(운)'을 사용하였으나, '말하다', '일컫다' 등 의미로 假借되자, '雨'뜻가 추가된 '雲'이 파생됨.

– 雲霧(운무) 雲集(운집) 青雲(청운) 風雲(풍운)

• 雪(눈 설, xuě) : '雨'뜻와 '彗(혜)'소리의 생략형이 합쳐져 '비가 하늘에서 얼어 내리는 하얀 눈'을 표현한 글자임. 여기에서 '흰색', '흰 것', '고결', '씻다' 등 의미로 引伸됨.

– 雪恥(설치) 雪辱(설욕) 嚴冬雪寒(엄동설한)

• 露(이슬 로, lù/lòu) : ‘雨’[뜻]와 ‘路(로)’[소리]가 합쳐져 ‘이슬’을 표현한 글자임. 여기에서 ‘적시다’, ‘덮다’, ‘드러나다’ 등 의미로 引伸됨.

– 露出(노출) 露宿(노숙) 暴露(폭로) 吐露(토로)

• 震(벼락 진, zhèn) : ‘雨’[뜻]와 ‘辰(신/진)’[소리]이 합쳐져 ‘벼락’을 표현한 글자임. 여기에서 ‘흔들리다’, ‘진동하다’, ‘놀라다’ 등 의미로 引伸됨.

– 地震(지진) 餘震(여진) 腦震蕩(뇌진탕) 震源地(진원지)

• 漏(새다 루, lòu) : ‘屚(누)’는 ‘屋(옥)’[뜻]의 생략형과 ‘雨’[뜻]가 합쳐져 ‘집안에 비가 새다’를 표현한 글자임. 여기에서 ‘새다’, ‘틈이 나다’ 등 의미로 引伸됨. 후에 ‘水(수)’[뜻]를 추가한 ‘漏’가 파생되어 ‘屚’를 대체함.

– 漏水(누수) 漏電(누전) 漏落(누락) 漏泄/漏洩(누설)

• 霝(비오다 령, líng) : ‘雨’[뜻]에 ‘口口口’[부호]를 추가해 ‘하늘에서 떨어지는 빗방울’을 강조한 글자임.

• 零(떨어지다 령, líng) : ‘霝’[뜻]과 ‘令(령)’[소리]이 합쳐져 ‘빗방울이 떨어지다’를 표현한 글자임. 여기에서 ‘흩날리다’, ‘눈물 흘리다’, ‘초목이 시들다’, ‘한산하다’, ‘없다’ 등 의미로 引伸됨.

– 零落(영락) 零下(영하) 零時(영시) 零細企業(영세기업)

• 靈(신령 령, líng) : ‘巫(무)’[뜻]와 ‘霝’[소리]이 합쳐져 ‘영적인 존재’를 표현한 글자임.[117] 여기에서 ‘귀신’, ‘하늘’, ‘정신’ 등 의미로 引伸됨.

– 靈魂(영혼) 靈感(영감) 幽靈(유령) 亡靈(망령)

---

117) ‘示(시)’, ‘心(심)’, ‘玉(옥)’, ‘巫(무)’등 다양한 글자가 사용되었으나, 漢代 이후 ‘巫’로 통일됨.

107. 禺【벌레 우, yú】

商	西周	春秋戰國	秦	漢	韓國	中國
–	–	[illegible]	[illegible]	[illegible]	禺	禺
[illegible]	[illegible]	[illegible]	[illegible]	[illegible]	萬	万
[illegible]	[illegible]	[illegible]	[illegible]	[illegible]	禹	禹

‘[illegible]’는 곤충의 한 종류로 추정됨. 후에 의미 없는 ‘[illegible]’부호가 추가되어 현재의 모양을 만듦.118) ‘萬(만)’은 ‘전갈’을 표현한 글자임. 역시 의미 없는 ‘[illegible]’부호가 추가되었고, 집게 부분이 점차 ‘艸(초)’로 변형되어 현재의 모양을 만듦. 후에 ‘일 만(一萬)’으로 假借되자, ‘虫(훼/충)’뜻을 추가한 ‘蠆(전갈 채)’가 파생됨. ‘禹(성씨 우)’는 ‘곤충’ 또는 ‘파충류’를 표현한 글자로 추정됨. 의미 없는 ‘[illegible]’부호가 추가되었고, 머리는 점차 ‘冖’로 변형됨과 동시에 ‘ノ’이 추가되어 현재의 모양을 만듦. 후에 ‘성씨’로 假借됨.

* 관련한자

商	西周	春秋戰國	秦	漢	韓國	中國
–	–	[illegible]	[illegible]	[illegible]	愚	愚
–	–	–	[illegible]	[illegible]	偶	偶
–	[illegible]	[illegible]	[illegible]	[illegible]	遇	遇

- 愚(어리석다 우, yú) : ‘心(심)’뜻과 ‘禺’소리가 합쳐져 ‘어리석음’을 표현한 글자임. 여기에서 ‘자신을 낮추는 겸칭(謙稱)’으로 引伸됨.
- 愚民(우민) 愚弄(우롱) 愚見(우견) 萬愚節(만우절)

118) ≪說文解字≫에서는 ‘원숭이 꼬리’로 잘못 설명하고 있음.

• 偶(짝 우, ǒu) : '人(인)'뜻과 '禺'소리가 합쳐져 '나무 인형'을 표현한 글자임. 여기에서 '좋아하는 상대'로 引伸되었고, '우연히'는 假借된 것임.[119]

– 偶像(우상) 偶然(우연) 配偶者(배우자)

• 遇(만나다 우, yù) : '辵(착)'뜻과 '禺'소리가 합쳐져 '우연히 만나다'를 표현한 글자임. 여기에서 '대접하다' 등 의미로 引伸됨.

– 遭遇(조우) 禮遇(예우) 處遇(처우) 待遇(대우)

119) '배필', '짝수' 등 의미는 원래 '耦(나란히 갈 우, ǒu)'를 사용하였으나, 현재 '偶'를 假借하여 사용함.

108. 月【달 **월**, yuè】

商	西周	春秋戰國	秦	漢	韓國	中國
					月	月

모양이 항상 둥근 해에 비해 차고 이지러짐이 있는 '초승달 혹은 반달의 모양'을 표현한 글자임. 여기에서 '세월', '한 달' 등 의미로 引伸됨. '日'과 마찬가지로 가운데 빈 공간에 의미 없이 추가된 부호가 획으로 변해 현재의 모양을 만듦.

* 관련한자

商	西周	春秋戰國	秦	漢	韓國	中國
					明	明
					望	望
					朝	朝

- 明(밝다 명, míng) : '月'[뜻]과 '囧(경)'[뜻]이 합쳐져 '달빛이 창가를 비추는 상황'을 표현한 글자임. 여기에서 '밝다', '명료하다', '희다' 등 의미로 引伸됨. '囧'이 점차 '日'로 변형되어 현재의 모양을 만듦.

– 明示(명시) 明細(명세) 糾明(규명) 闡明(천명)

- 望(멀리 보다 망, wàng) : '사람이 언덕에 올라 멀리 쳐다보는 모습'을 표현한 글자임.[120] 여기에서 '멀리 보다', '바라다', '기원하다' 등 의미로 引伸됨. 西周시대에 '月'[뜻]이 추가되었고, 春秋戰國시대에 '目(목)'이 '亡(망)'[소리]으로 바뀌어 현재의 모양을 만듦.

– 絶望(절망) 羡望(선망) 眺望(조망) 渴望(갈망)

---

120) 𡈼(정)은 '사람이 언덕 위에 올라가 있는 모습'을 표현한 글자임. 모양이 유사한 '壬(임)', '王(왕)'과 혼용되고 있음.

• 朝(아침 조/왕조 조, zhāo/cháo) : '日'뜻, '月'뜻, '茻(망)'뜻이 합쳐져 '하늘에는 아직 흐릿한 달의 모습이 남아 있는데, 저 멀리 풀숲에서 해가 떠오르는 이른 새벽'을 표현한 글자임. 왕과 신하는 주로 아침에 모여 회의를 하기에 '(윗사람을)만나다', '아침회의', '왕조', '공무' 등 의미로 引伸됨. '屮'이 '十'으로 생략되어 '日'과 합쳐진 것이 '𠦝'이고, '月'은 모양이 유사한 '川(천)과 '舟(주)'로 변형되었다가, 다시 '月'로 바뀌어 현재의 모양을 만듦.

– 朝貢(조공) 早朝(조조) 王朝(왕조) 朝令暮改(조령모개)

109. 韋【에워싸다 **위**/가죽 **위**, wéi】

商	西周	春秋戰國	秦	漢	韓國	中國
					韋	韦
–					圍	围

‘口’[뜻]와 ‘止’[뜻]가 합쳐져 ‘사람들이 특정 공간을 에워싼 모습’을 표현한 글자임. 여기에서 ‘에워싸다’, ‘보호하다’, ‘막다’ 등 의미로 引伸되었고, 사람 또는 동물의 신체를 에워싸는 ‘가죽’으로도 引伸되자,[121] ‘口(위/국)’[뜻]을 추가한 ‘圍(에워싸다 위, wéi)’가 파생됨.

* 관련한자

商	西周	春秋戰國	秦	漢	韓國	中國
					衛	卫
–					違	违
–	–	–			偉	伟
–					諱	讳

• 衛(지키다 위, wèi) : ‘行(행)’[뜻]과 ‘韋’[뜻/소리]가 합쳐져 ‘지키다’, ‘보호하다’를 표현한 글자임. 商代에는 공간을 뜻하는 ‘口’대신 ‘方(방)’을 사용하기도 했음.

– 衛星(위성) 衛生(위생) 防衛(방위)

• 違(어긋나다 위, wéi) : ‘辵(착)’[뜻]과 ‘韋’[뜻/소리]가 합쳐져 ‘떠나가다’, ‘멀어지다’를 표현한 글자임. 여기에서 ‘어긋나다’, ‘거스르다’ 등 의미로 引伸됨.

– 違法(위법) 違反(위반) 違約(위약) 違和感(위화감)

---

121) 假借로 보는 견해도 있음.

• 偉(크다 위, wěi) : '人(인)'[뜻]과 '韋'[소리]가 합쳐져 '특이하다'를 표현한 글자임. 여기에서 '크다', '훌륭하다' 등 의미로 引伸됨.

– 偉大(위대) 偉人(위인) 偉力(위력)

• 諱(숨기다 휘, huì) : '言(언)'[뜻]과 '韋'[소리]가 합쳐져 '언급하기 꺼리다'를 표현한 글자임. 여기에서 '숨기다', '싫어하다', '꺼리다', '조심하다' 등 의미로 引伸됨.

– 避諱(피휘) 諱字(휘자)

110. 酉【항아리 유, yǒu】

商	西周	春秋戰國	秦	漢	韓國	中國
酉	酉	酉	酉	酉	酉	酉
–	–	酋	酋	酋	酋	酋

'항아리 모양'을 표현한 글자임. 후에 의미 없는 '八'[부호]이 추가되어 '酋(추)'가 파생됨.122) 다른 글자와 함께 사용될 때, 두 글자는 동일한 뜻으로 사용됨.

* 관련한자

商	西周	春秋戰國	秦	漢	韓國	中國
酒	酒	酒	酒	酒	酒	酒
–	酌	酌	酌	酌	酌	酌
尊	尊	尊	尊 尊	尊	尊	尊
–	–	–	遵	遵	遵	遵

- 酒(술 주, jiǔ) : '水(수)'[뜻]와 '酉'[뜻/소리]가 합쳐져 '항아리에 담근 술'을 표현한 글자임.

– 酒量(주량) 燒酒(소주) 飯酒(반주) 白酒(백주)

- 酌(술 따르다 작, zhuó) : '酉'[뜻]와 '勺(작)'[뜻/소리]이 합쳐져 '항아리의 술을 국자로 퍼내는 상황'을 표현한 글자임. 여기에서 '술을 따르다', '짐작하다', '헤아리다' 등 의미로 引伸됨.

– 斟酌(짐작) 參酌(참작) 無酌定(무작정)

---

122) 단독으로 사용될 때만 '우두머리'로 假借됨.

• 尊(높이다 존, zūn) : '廾(공)'뜻과 '酉'뜻가 합쳐져 '두 손으로 공손히 술 단지를 받들고 있는 모습'을 표현한 글자임. 여기에서 '공경하다', '높이다' 등 의미로 引伸됨. '酉'는 '酋'로, '廾'은 의미가 유사한 '寸(촌)'으로 바뀌어 현재의 모양을 만듦.

– 尊待(존대) 尊稱(존칭) 尊嚴(존엄) 尊屬(존속)

• 遵(따르다 준, zūn) : '辵(착)'뜻과 '尊'뜻/소리이 합쳐져 '온순히 따라감'을 표현한 글자임. 여기에서 '따르다', '지키다' 등 의미로 引伸됨.

– 遵法(준법) 遵守(준수) 遵據(준거)

111. 肉【고기 육, ròu】

商	西周	春秋戰國	秦	漢	韓國	中國
					肉	肉

'살코기 덩어리(冂)와 고깃결(仌)'을 표현한 글자임. 여기에서 '사람', '사람의 신체' 등 의미로 引伸됨. 다른 글자와 함께 사용될 때, 모양이 '月(육달월)'로 변형되지만,[123] '月(달 월)'과는 다른 글자임.

* 관련한자

商	西周	春秋戰國	秦	漢	韓國	中國
–	–				胃	胃
	–				脊	脊
–	–				肥	肥
–	–	–			腐	腐

- 胃(위장 위, wèi) : '⊕'[뜻]과 '肉'[뜻]이 합쳐져 '위장 안에 음식이 들어있는 상황'을 표현한 글자임. '肉'은 신체 부위를 강조한 것임.

– 胃臟(위장) 胃酸(위산) 胃炎(위염) 胃潰瘍(위궤양)

- 脊(척추 척, jǐ) : 商代에는 물고기 뼈를 그려 '척추'를 표현하였음. 후에 '肉'[뜻]과 '朿(자)'[뜻/소리]의 구조로 변형되었고, 秦代에 '朿'가 '夾'로 변형되어 현재의 모양을 만듦.

– 脊椎(척추) 脊髓(척수)

123) '肉'에서 변형된 '月'을 '육달월'로 구별하여 부른다.

• 肥(살찌다 비, féi) : '肉'[뜻]과 '巴'[소리][124]가 합쳐져 '살찌다'를 표현한 글자임. 여기에서 '기름지다', '넉넉하다' 등 의미로 引伸됨.

– 肥滿(비만)　肥沃(비옥)　肥料(비료)　堆肥(퇴비)

• 腐(썩다 부, fǔ) : '肉'[뜻]과 '府(부)'[소리]가 합쳐져 '고기가 썩다'를 표현한 글자임. 여기에서 '낡다', '오래되다', '발효시키다' 등 의미로 引伸됨.

– 腐敗(부패)　腐蝕(부식)　陳腐(진부)　豆腐(두부)

124) '妃(비)', '配(비)', '範(범)', '犯(범)' 등에 사용된 소리 요소와 그 기원이 같음. 원래의 모양은 없어지고, '己(기)', '已(이)', '卩(절)', '巴(파)'로 변형되면서 소리 기능을 상실했음.

112. 聿【붓 율, yù】

商	西周	春秋戰國	秦	漢	韓國	中國
					聿	聿

‘손에 붓을 쥐고 있는 모습’을 표현한 글자임.

* 관련한자

商	西周	春秋戰國	秦	漢	韓國	中國
–	–	–			筆	笔
–					書	书
					畫/畵	画
					晝	昼

• 筆(붓 필, bǐ) : ‘竹(죽)’[뜻]과 ‘聿’[뜻/소리]이 합쳐져 ‘붓’을 표현한 글자임. 여기에서 ‘글씨’, ‘필체’, ‘글을 짓다’ 등 의미로 引伸됨.[125)]

– 筆談(필담) 親筆(친필) 隨筆(수필) 筆寫(필사)

• 書(글 서, shū) : ‘聿’[뜻]과 ‘者(저)’[소리]가 합쳐져 ‘글 쓰다’를 표현한 글자임. 여기에서 ‘문서’ ‘서류’, ‘책’ 등 의미로 引伸됨. ‘聿’은 ‘⺻’로, ‘者’는 ‘曰’로 변형되어 현재의 모양을 만듦.

– 書籍(서적) 祕書(비서) 覺書(각서) 始末書(시말서)

---

125) 현재 중국에서는 ‘聿’을 ‘毛(털 모)’로 바꿔 사용하고 있음.

• 畫(그림 화/긋다 획, huà) : '붓을 들고 땅에 경계선을 긋다'를 표현한 글자임. 여기에서 '분할하다', '구분하다', '설계하다', '그리다' 등 의미로 引伸됨. 땅에 그은 경계선(✕)이 점차 변형되어 현재 모양을 만듦.[126] 후에 '刀(도)'[뜻]를 추가한 '劃(긋다 획, huà)'이 파생됨.[127]

– 畫伯(화백) 揷畫(삽화) 筆劃/(필획) 計劃/計畫(계획) 企劃/企畫(기획)

• 晝(낮 주, zhòu) : '日(일)'[뜻]과 '聿'[소리]이 합쳐져 '해가 떠 있는 시기'를 표현한 글자로 추정됨. 후에 모양이 유사한 '書'와 구별하기 위해 아래에 '一'[부호]이 추가되어 현재의 모양을 만듦.

– 晝夜(주야) 白晝(백주) 晝光色(주광색) 晝耕夜讀(주경야독)

---

126) 한국에서는 '畫'와 '畵' 모두 사용함.

127) '畫/畵'는 주로 '그림'과 관련된 뜻에, '劃'은 '선을 긋다', '설계하다' 등에 사용함이 원칙이나 혼용되는 경우가 있음.

113. 音【소리 음, yīn】

商	西周	春秋戰國	秦	漢	韓國	中國
–	音	音	音	音	音	音

‘言(언)’의 ‘口’에 점 또는 획을 추가해 파생된 글자임. ‘言’은 ‘말하다’라는 동작이 중심이고, ‘音’은 그 결과인 ‘말소리’를 표현한 글자임. 여기에서 ‘소리’, ‘언어’, ‘소식’, ‘음악’ 등 의미로 引伸됨.

* 관련한자

商	西周	春秋戰國	秦	漢	韓國	中國
–	–	意	意	意	意	意
–	–	–	暗	–	暗	暗
–	–	–	諳	–	諳	谙
–	–	–	響	響	響	响

• 意(뜻 의, yì) : ‘心’[뜻]과 ‘音’[뜻/소리]이 합쳐져 ‘마음의 소리’를 표현한 글자임. 여기에서 ‘의지’, ‘생각’ 등 의미로 引伸됨.

– 意圖(의도) 意識(의식) 辭意(사의) 創意(창의)

• 暗(어둡다 암, àn) : ‘日(일)’[뜻]과 ‘音’[소리]이 합쳐져 ‘날이 어둡다’를 표현한 글자임. 여기에서 ‘보이지 않다’, ‘숨기다’ 등 의미로 引伸됨.

– 暗示(암시) 暗鬱(암울) 暗默(암묵) 明暗(명암)

• 諳(외우다 암, ān) : ‘言’[뜻]과 ‘音’[소리]이 합쳐져 ‘익숙하다’를 표현한 글자임. 여기에서 ‘기억하다’, ‘외우다’ 등 의미로 引伸됨.[128)]

– 諳記/暗記(암기) 諳誦/暗誦(암송)

• 響(울리다 향, xiǎng) : ‘音’[뜻]과 ‘鄕(향)’[소리]이 합쳐져 ‘소리가 울리다’를 표현한 글자임. 여기에서 ‘여파’, ‘응답’ 등 의미로 引伸됨.

– 音響(음향) 影響(영향) 反響(반향) 交響曲(교향곡)

128) 한국과 일본에서는 ‘暗(어둡다)’을 ‘외우다’로도 사용함.

114. 衣【옷 의, yī】

商	西周	春秋戰國	秦	漢	韓國	中國
					衣	衣

'윗옷의 옷깃, 소매, 옷자락'을 표현한 글자임. 여기에서 '싸다', '덮다' 등 의미로 引伸됨.

* 관련한자

商	西周	春秋戰國	秦	漢	韓國	中國
					卒	卒
–					哀	哀
–	–				衷	衷
–					衰	衰

- 卒(마치다 졸, zú) : '衣'에 교차선(#)을 추가하거나 또는 마지막 획을 추켜올려(乚) '옷 만들기가 완성되었음'을 표현한 글자임. 여기에서 '끝내다', '죽다', '마지막', '하급병사', '갑자기' 등 의미로 引伸됨.

– 卒業(졸업) 卒倒(졸도) 腦卒中(뇌졸중)[129] 烏合之卒(오합지졸)

- 哀(슬플 애, āi) : '口(구)'[뜻]와 '衣'[소리]가 합쳐져 '불쌍히 여기다'를 표현한 글자임. 여기에서 '슬퍼하다', '가엾다' 등 의미로 引伸됨.

– 哀願(애원) 哀悼(애도) 哀惜(애석) 哀痛(애통)

- 衷(속마음 충, zhōng) : '衣'[뜻]와 '中(중)'[뜻/소리]이 합쳐져 '속옷'을 표현한 글자임. 여기에서 '속마음', '진심', '정성' 등 의미로 引伸됨.[130]

– 折衷(절충) 苦衷(고충) 哀願(애원) 忠孝(충효)

---

129) 腦卒症(뇌졸증)은 비표준어임.
130) '心(심)'[뜻]과 '中'[뜻/소리]이 합쳐진 '忠(충)'은 '윗사람에 대한 진실한 마음'을 뜻함.

• 衰(쇠하다 쇠, shuāi) : 우비(雨備)의 일종인 '도롱이'를 표현한 글자임.[131] 秦代에 '衣'[뜻]가 추가되어 현재의 모양을 만듦. '쇠약하다'로 假借되자, '艸(초)'[뜻]를 추가한 '蓑(도롱이 사, suō)'가 파생됨.

– 衰弱(쇠약) 衰退(쇠퇴) 衰盡(쇠진) 老衰(노쇠)

131) 짚, 띠 따위로 엮어 허리나 어깨에 걸쳐 두르는 비옷.

115. 疑【의심하다 **의**, yí】

商	西周	春秋戰國	秦	漢	韓國	中國
[illegible]	[illegible]	[illegible]	[illegible]	[illegible]	疑	疑

‘지팡이를 짚은 사람이 길거리에서 방향을 잃어 이리저리 길을 묻고 있는 상황’을 표현한 글자임. 여기에서 ‘머뭇거리다’, ‘헛갈리다’, ‘미혹되다’, ‘의심하다’ 등 의미로 引伸됨. 西周시대에 ‘牛(우)’[소리]와 ‘止(지)’[뜻]가 추가되었으나, 春秋戰國시대에는 ‘입을 벌린 사람’만 남음. 秦代에 ‘입을 벌린 사람’은 ‘矣’로, ‘牛’는 ‘子(자)’로 변형되었고, 漢代에 ‘子’와 ‘止’가 합쳐져 ‘疋’로 변형됨.

* 관련한자

商	西周	春秋戰國	秦	漢	韓國	中國
–	–	–	[illegible]	[illegible]	擬	拟
–	–	[illegible]	[illegible]	[illegible]	凝	凝
–	–	[illegible]	[illegible]	–	癡	痴

• 擬(모방하다 의, nǐ) : ‘手(수)’[뜻]와 ‘疑’[뜻/소리]가 합쳐져 ‘지팡이를 짚고 이리 저리 추측하다’를 표현한 글자임. 여기에서 ‘흉내 내다’, ‘본뜨다’, ‘닮게 만들다’ 등 의미로 引伸됨.

– 模擬(모의) 擬聲語(의성어) 擬人化(의인화)

• 凝(엉기다 응, níng) : ‘冰(빙)’에서 ‘水’[뜻]가 ‘疑’[소리]로 바뀌어 파생된 글자임. ‘물이 얼다’에서 ‘엉기다’, ‘굳다’, ‘모으다’ 등 의미로 引伸됨.

– 凝固(응고) 凝縮(응축) 凝視(응시) 凝集力(응집력)

• 癡(어리석다 치, chī) : ‘疒(녁)’[뜻]과 ‘疑’[소리]가 합쳐져 ‘제정신이 아닌 질병’을 표현한 글자임. 여기에서 ‘어리석다’, ‘미련하다’, ‘미치다’ 등 의미로 引伸됨.

– 癡呆(치매) 癡情(치정) 白癡(백치) 天癡(천치)

116. 而【어조사 이, ér】

商	西周	春秋戰國	秦	漢	韓國	中國
					而	而

'뺨과 턱에 자란 수염'을 표현한 글자임. 후에 다양한 허사 용법으로 假借되자, '彡(삼)'[뜻]을 추가한 '耏(구레나룻 이/구레나룻 깎을 내, ér/nài)'가 파생됨.

* 관련한자

商	西周	春秋戰國	秦	漢	韓國	中國
–	–	–			耐	耐
–					需	需
	–			–	耑	耑
–	–				端	端

- 耐(견디다 내, nài) : '耏'에서 引伸된 '수염을 깎는 형벌'을 표현하기 위해, '彡'이 '寸(촌)'[뜻]으로 교체되어 파생된 글자임.[132] 여기에서 '참다', '견디다', '감당하다' 등 의미로 引伸됨.

– 耐性(내성) 耐久(내구) 忍耐(인내) 堪耐(감내)

- 需(쓰이다 수, xū) : '雨(우)'[뜻]와 '天(천)'[뜻]이 합쳐져 '비가 내려 이동하지 못하고 기다리는 사람'을 표현한 글자임.[133] 여기에서 '기다리다', '요구하다', '필요한 물건' 등 의미로 引伸됨. '天'이 점차 모양이 유사한 '而'로 변형되어 현재의 모양을 만듦. 후에 '水(수)'[뜻]를 추가한 '濡(젖다 유, rú)'가 파생됨.

– 需要(수요) 需給(수급) 內需(내수) 盛需期(성수기)

---

132) 남성의 수염을 자르는 가벼운 형벌.

133) '天'와 '大'는 의미가 유사하여 고문자에서 통용될 수 있음.

• 耑(끝 단, duān) : '식물이 뿌리를 뻗고 싹이 튼 모양'을 표현한 글자로 추정됨. 여기에서 '사물의 시초', '처음', '실마리' 등 의미로 引伸됨. '싹'은 '山'으로, '뿌리'는 '而'로 변형되어 현재의 모양을 만듦.

• 端(끝 단, duān) : '立(립)'[뜻]과 '耑(단)'[뜻/소리]이 합쳐져 '곧게 뻗다'를 표현한 글자임. 여기에서 '바르다', '옳다', '사물의 한쪽 끝' 등 의미로 引伸됨.

– 端初(단초) 端緖(단서) 異端(이단) 弊端(폐단)

117. 耳【귀 이, ěr】

商	西周	春秋戰國	秦	漢	韓國	中國
					耳	耳

‘사람의 귀’를 표현한 글자임. 여기에서 ‘귀 모양의 물건’, ‘듣다’ 등 의미로 引伸됨.

* 관련한자

商	西周	春秋戰國	秦	漢	韓國	中國
					聖	圣
					聽	听
	–				聲	声
–					聰	聪

- 聖(성인 성, shèng) : ‘귀를 쫑긋 세운 사람’[뜻]과 ‘口(구)’[뜻]가 합쳐져 ‘남의 말을 경청하는 모습’을 표현한 글자임. 여기에서 ‘통하다’, ‘통달하다’, ‘뛰어나다’ 등 의미로 引伸됨. 西周시대부터 ‘사람’이 ‘壬(정)’[소리]으로 변형되어 현재의 모양을 만듦.

– 聖賢(성현) 聖域(성역) 神聖(신성) 聖誕(성탄)

- 聽(듣다 청, tīng) : ‘聖’에서 ‘귀와 입’만 취하여 파생된 글자임.[134] 秦代에 ‘耳(이)’, ‘壬(정)’[소리], ‘悳(덕)’이[135] 합쳐진 구조로 변형되어 현재의 모양을 만듦.

– 聽衆(청중) 傾聽(경청) 傍聽(방청) 盜聽(도청)

---

134) 고대에 ‘聖’과 ‘聽’은 통용되었음.

135) ‘悳’이 추가된 이유는 불분명함. ‘소리’ 기능으로 보는 견해도 있음.

• 聲(소리 성, shēng) : '耳'와 '殸(성)'[뜻/소리]이 합쳐져 '악기 소리'를 표현한 글자임.[136] 여기에서 '소리', '노래', '이름', '명성' 등 의미로 引伸됨.

– 聲援(성원) 聲討(성토) 喊聲(함성) 名聲(명성)

• 聰(귀 밝다 총, cōng) : '耳'에 '○'[부호]을 추가하여 '막힘없이 잘 들림'을 표현한 글자임. 여기에서 '귀가 밝다', '잘 알아듣다', '똑똑하다' 등 의미로 引伸됨. 春秋戰國시대에 '悤(총)'[소리]이 추가되어 현재의 모양을 만듦.

– 聰明(총명) 聰氣(총기)

136) '殸'에 石'[뜻]이 추가되어 '옥이나 돌로 만든 악기 磬(경)'이 파생됨.

118. 印【도장 **인**, yìn】

商	西周	春秋戰國	秦	漢	韓國	中國
					印	印

'爪(조)'[뜻]와 '卩(절)'[뜻]이 합쳐져 '손으로 사람을 제압하는 상황'을 표현한 글자임. 여기에서 '누르다', '찍다', '도장' 등 의미로 引伸되었고, '색채'는 假借된 것임.

* 관련한자

商	西周	春秋戰國	秦	漢	韓國	中國
–	–	–			抑	抑
–	–				色	色

- 抑(누르다 억, yì) : '手(수)'[뜻]와 '印'[뜻/소리]이 합쳐져 '누르다'를 표현한 글자임. 여기에서 '막다', '굽히다', '숙이다' 등 의미로 引伸됨. 秦代에는 왼쪽에 '卩', 오른쪽에 '爪'를 배치하여 '印'과 구별하기도 했음. 漢代 이후 '印'이 '卬'으로 변형되어 현재의 모양을 만듦.

– 抑制(억제) 抑壓(억압) 抑揚(억양) 抑鬱(억울)

- 色(색채 색, sè) : 원래 '印'을 假借하여 '색채'로 사용하였음. 후에 두 글자를 구별하기 위해 '爪'는 '人'으로 '卩'은 '巴(파)'로 변형되어 현재의 모양을 만듦. '색채'에서 '빛깔', '얼굴빛', '모양', '상태' 등 의미로 引伸됨.

– 染色(염색) 退色(퇴색) 難色(난색) 遜色(손색)

119. 入【들어가다 **입**, rù】

商	西周	春秋戰國	秦	漢	韓國	中國
入	入	入	入	入	入	入

本義는 불분명함. 현재 '들다', '들이다', '빠지다' 등 의미로 사용됨.

* 관련한자

商	西周	春秋戰國	秦	漢	韓國	中國
–	內	內	內	內	內	内
–	–	納	納	納	納	纳
–	–	–	訥	–	訥	讷
–	–	全 全	全 全	全	全	全

- 內(안쪽 내, nèi) : '宀(면)'[뜻]과 '入'[뜻]이 합쳐져 '집안 또는 특정 공간에 들어가다'를 표현한 글자임. 여기에서 '속', '실내', '국내', '집안' 등 의미로 引伸됨. '宀'과 '入'이 겹쳐지면서 현재의 모양을 만듦.

– 內容(내용) 內戰(내전) 案內(안내) 內憂外患(내우외환)

- 納(받다 납, nà) : '糸(멱)'[뜻]과 '內'[뜻/소리]가 합쳐져 '습기를 빨아들여 축축한 천'을 표현한 글자임. 여기에서 '빨아들이다', '받다', '납부', '접수' 등 의미로 引伸됨.

– 納稅(납세) 納得(납득) 容納(용납) 返納(반납)

- 訥(말 더듬다 눌, nè) : '言(언)'[뜻]과 '內'[뜻/소리]가 합쳐져 '입안에서 말이 맴돌다'를 표현한 글자임. 여기에서 '말을 더듬다'로 引伸됨.

– 訥辯(눌변) 語訥(어눌)

- 全(모두 전, quán) : '入'[뜻]과 '工(공)'[뜻] 또는 '玉(옥)'[뜻]이 합쳐져 '완전하다'를 표현한 글자로 추정됨. 여기에서 '갖추어지다', '모두' 등 의미로 引伸됨. 漢代에 '入'이 '人(인)'과 혼용되기 시작했으며, 현재 중국에서는 '人'으로 표기함.

– 全般(전반) 全貌(전모) 全無(전무) 健全(건전)

120. 自【코 자/스스로 자, zì】

商	西周	春秋戰國	秦	漢	韓國	中國
					自	自
	–				鼻	鼻

'사람의 코'를 표현한 글자임. 직선 획으로 바뀌면서 콧구멍 부분이 막혀 '目(목)'으로 변형되었고, 콧등은 '丿'로 변형되어 현재의 모양을 만듦. 후에 '자신', '본인', '스스로' 등 의미로 引伸되었고[137], '~부터'로 假借되자, '畀(비)'소리를 추가한 '鼻'가 파생됨.

* 관련한자

商	西周	春秋戰國	秦	漢	韓國	中國
					息	息
	–				臭	臭
–	–				罪	罪

- 息(숨 쉬다 식, xī) : '코로 숨 쉬는 상황'을 표현한 글자임. 여기에서 '휴식', '정지', '성장', '자식', '소식' 등 의미로 引伸됨. 春秋戰國시대에 '心(심)'뜻이 추가되어 현재의 모양을 만듦. 후에 '火(화)'뜻를 추가한 '熄(불 꺼지다 식, xī)'이 파생됨.

– 歎息(탄식) 子息(자식) 消息(소식) 終熄(종식)

137) 자기 자신을 가리킬 때, 중국인과 일본인은 검지로 자신의 코를 가리키는 반면, 한국인은 손으로 가슴 쪽을 가리킴.

• 臭(냄새 취, chòu/xiù) : '自(자)'[뜻]와 '犬(견)'[뜻]이 합쳐져 '개가 냄새를 맡고 있는 모습'을 표현한 글자임. 여기에서 '냄새', '악취', '더럽다', '나쁜 소문' 등 의미로 引伸됨. 후에 '口(구)'[뜻]를 추가한 '嗅(맡을 후, xiù)'가 파생되어 '냄새 맡다'로 사용됨.

– 體臭(체취) 脫臭(탈취) 嗅覺(후각) 無色無臭(무색무취)

• 罪(허물 죄, zuì) : '自'[뜻]와 '辛(신)'[뜻]이 합쳐져 '죄인의 코에 형벌을 가하는 상황'을 표현한 글자임.[138] 秦代에 '辠'가 '皇(임금 황)'과 모양이 유사하다는 이유로 사용을 금지하자, '罪'를 假借하여 사용하고 있음.[139]

– 斷罪(단죄) 贖罪(속죄) 謝罪(사죄) 誣告罪(무고죄)

---

138) 고대에는 죄인의 코를 자르는 형벌이 있었음.

139) '网(망)'[뜻]과 '非(비)'[소리]가 합쳐진 '罪'는 원래 '그물'을 뜻함.

121. 朿【가시 **자**, cì】

商	西周	春秋戰國	秦	漢	韓國	中國
					朿	朿

'나무의 가시' 또는 '무기의 날카로운 침'을 표현한 글자임. 시간이 흐르면서 '木'과 '巾'의 구조로 변형되어 현재의 모양을 만듦.

* 관련한자

商	西周	春秋戰國	秦	漢	韓國	中國
–	–				棘	棘
	–				棗	枣
–	–				刺	刺

- 棘(가시 극, jí) : '朿'를 좌우 중복하여 '가시' 또는 '가시나무'를 표현한 글자임.

– 一日不讀書口中生荊棘(일일부독서구중생형극)[140]

- 棗(대추 조, zǎo) : '朿'를 상하 중복하여 '대추나무', '대추'를 표현한 글자임.[141]

– 棗栗梨柿(조율이시)[142]

- 刺(찌르다 자, cì) : '刀(도)'^뜻와 '朿'^{뜻/소리}가 합쳐져 '찌르다'를 표현한 글자임. 여기에서 '바느질하다', '꾸짖다', '비난하다' 등 의미로 引伸됨.

– 刺戟(자극)　刺繡(자수)　刺客(자객)　諷刺(풍자)

---

140) 안중근 의사가 중국 요녕성 여순(旅順)감옥에서 쓴 글.
141) 대추나무는 나무에 가시가 있고, 마디 위에 작은 가시가 다발로 자람.
142) 제사 때, 동쪽에서부터 대추, 밤, 배, 감 순으로 놓음.

122. 者【사람 **자**, zhě】

商	西周	春秋戰國	秦	漢	韓國	中國
者	者	者	者	者 者	者	者

本義는 불분명. '사람' 또는 '사물'의 뜻을 더하는 접미사로 사용되는 것은 假借된 것임.[143]

* 관련한자

商	西周	春秋戰國	秦	漢	韓國	中國
–	都	都	都	都	都	都
–	–	奢	奢	奢	奢	奢
–	–	暑	暑	暑	暑	暑
–	–	–	–	著	著	著

• 都(도읍 도, dū/dōu) : '邑(읍)'[뜻]과 '者'[소리]가 합쳐져 '왕이 거주하는 지역'을 표현한 글자임. 여기에서 '도시', '마을', '모이다', '크게', '모두' 등 의미로 引伸됨.

– 都市(도시) 都心(도심) 首都(수도) 都賣(도매)

• 奢(사치하다 사, shē) : '大(대)'[뜻]와 '者'[소리]가 합쳐져 '지나치다', '분에 넘치다'를 표현한 글자임.

– 奢侈(사치) 豪奢(호사)

• 暑(덥다 서, shǔ) : '日(일)'[뜻]과 '者'[소리]가 합쳐져 '열', '더위'를 표현한 글자임.

– 避暑(피서) 酷暑(혹서) 大暑(대서)

• 著(드러내다 저, zhù) : 本義는 불분명함. '艸(초)'[뜻]와 '者'가 합쳐져 '드러내다', '두드러지다', '글로 쓰다' 등 의미로 사용됨.

– 著名(저명) 著書(저서) 著述(저술) 顯著(현저)

---

143) 중국에서는 '점'을 생략함.

123. 茲【이것 자, zī】

商	西周	春秋戰國	秦	漢	韓國	中國
–	–				茲/玆	兹
–	–	–			玆/玆	玆/兹
				–	𢆶	𢆶

‘茲’는 ‘艸(초)’뜻와 ‘絲(사)’소리의 생략형이 합쳐져 ‘초목이 무성해지다’를 표현한 글자임. 후에 ‘여기’, ‘이때’, ‘지금’, ‘이것’ 등 의미로 假借되자, ‘水(수)’를 추가한 ‘滋(늘다 자, zī)’가 파생됨. ‘玆(현)’은 두 개의 ‘玄(현)’이 합쳐져 ‘검다’를 표현한 글자임.[144] 두 글자는 모양이 유사해 혼용되었고, 현재는 ‘茲’로 통일됨. ‘𢆶(유)’는 두 개의 ‘幺(요)’가 합쳐져 ‘매우 작다’를 표현한 글자임.[145]

* 관련한자

商	西周	春秋戰國	秦	漢	韓國	中國
–	–				慈	慈
					幽	幽
					幾	几

- 慈(사랑 자, cí) : ‘心(심)’뜻과 ‘茲’소리가 합쳐져 ‘위에서 아래로 베푸는 사랑’을 표현한 글자임.

– 慈愛(자애) 慈悲(자비) 慈善(자선) 慈母(자모)

144) ‘玆(현)’은 현재 사용하지 않는 글자임.
145) ‘糸(멱)’, ‘絲(사)’, ‘幺(요)’는 모양과 의미가 유사해 고문자에서 자주 통용됨.

• 幽(그윽하다 유, yōu) : '山(산)'뜻과 '𢆶'뜻/소리가 합쳐져 '조용하고 잠잠한 산 속'을 표현한 글자임.146) 여기에서 '그윽하다', '멀다', '희미하다' 등 의미로 引伸됨.

– 幽靈(유령)　幽明(유명)　深山幽谷(심산유곡)

• 幾(몇 기, jǐ) : '𢆶'뜻와 '人'뜻, 그리고 '戈(과)'뜻가 합쳐져 '끈에 매달린 사람과 창'이 합쳐져 '매우 위태로운 상황'을 표현한 글자임. 本義는 '매우 위태로운 상황'이며, '낌새', '조짐', '얼마' 등 의미는 假借된 것임.

– 幾微/機微(기미)　幾日(기일)　幾何學(기하학)

146) '불(火)을 밝혀 가느다란 실타래(𢆶)를 살펴보는 상황'이며, '火'가 '山'으로 변형된 것이라는 견해도 있음.

124. 舃【까치 **작**, què】

商	西周	春秋戰國	秦	漢	韓國	中國
–					舃/舄	舃/舄

‘양쪽 날개를 펼쳐 하늘을 나는 까치’를 표현한 글자로 추정됨. 春秋戰國시대에 한 쪽 날개가 분리되어 ‘臼’로 변형되었고, 나머지 부분은 ‘鳥’의 몸통 부분을 취하여 현재의 모양을 만듦. ‘신발 석(xì)’으로 사용되는 것은 假借된 것임. 다른 글자와 함께 사용될 때, 모양이 ‘舄’로 변형됨.

* 관련한자

商	西周	春秋戰國	秦	漢	韓國	中國
–	–	–			鵲	鹊
–	–				寫	写
–	–	–	–	–	瀉	泻

• 鵲(까치 작, què) : ‘舄’이 ‘신발’로 假借되자, 원래 의미를 되살리기 위해 ‘隹(추)’뜻와 ‘昔(석)’소리이 합쳐진 ‘䧿’이 파생됨. 漢代 이후 ‘隹’가 ‘鳥(조)’로 바뀌어 현재의 모양을 만듦.

– 烏鵲橋(오작교)

• 寫(본뜨다 사, xiě) : ‘宀(면)’뜻과 ‘舄’소리이 합쳐져 ‘집안으로 물건을 옮기다’를 표현한 글자임. 여기에서 ‘그대로 옮기다’, ‘본뜨다’, ‘이동하다’, ‘보내다’ 등 의미로 引伸됨.

– 寫眞(사진) 描寫(묘사) 模寫(모사) 筆寫(필사)

• 瀉(쏟다 사, xiè) : ‘水(수)’뜻와 ‘寫’뜻/소리가 합쳐져 ‘물이 쏟아지다’를 표현한 글자임. 여기에서 ‘쏟다’, ‘설사하다’, ‘보내다’ 등 의미로 引伸됨.

– 泄瀉(설사) 吐瀉(토사) 一瀉千里(일사천리)

125. 戔【나머지 **잔**/적다 **전**, cán/jiān】

商	西周	春秋戰國	秦	漢	韓國	中國
戔	–	戔	戔	戔	戔	戋

‘두 개의 창(戈)’이 겹쳐져 ‘해치다’, ‘공격하다’를 표현한 글자임. 여기에서 ‘파괴되다’, ‘나머지’, ‘적다’, ‘작다’ 등 의미로 引伸됨.[147]

* 관련한자

商	西周	春秋戰國	秦	漢	韓國	中國
–	–	–	殘	殘	殘	残
–	–	盞	–	–	盞	盏
–	–	錢	錢	錢	錢	钱
–	–	淺	淺	淺	淺	浅
–	–	賤	賤	賤	賤	贱
–	–	–	箋	箋	箋	笺
–	–	踐	踐	踐	踐	践

- 殘(잔인하다 잔, cán) : ‘歹(알)’[뜻]과 ‘戔’[뜻/소리]이 합쳐져 ‘해치다’를 표현한 글자임. 여기에서 ‘없애다’, ‘잔인하다’, ‘나머지’ 등 의미로 引伸됨.

– 殘酷(잔혹) 殘忍(잔인) 殘額(잔액) 殘存(잔존)

- 盞(작은 그릇 잔, zhǎn) : ‘皿(명)’[뜻]과 ‘戔’[소리]이 합쳐져 ‘작은 그릇’을 표현한 글자임.

– 燈盞(등잔) 茶盞(찻잔) 술+盞(술잔) 한+盞(한잔)

147) ‘戔’을 소리 요소로 사용한 대다수 글자는 ‘적다’, ‘잘다’ 등 의미를 내포함.

• 錢(돈 전, qián) : '金(금)'뜻과 '戔'소리이 합쳐져 '쇠로 만든 작은 동전'을 표현한 글자임.

– 換錢(환전)　本錢(본전)　金錢(금전)　銅錢(동전)

• 淺(얕다 천, qiǎn) : '水(수)'뜻와 '戔'소리이 합쳐져 '얕은 물'을 표현한 글자임. 후에 '미숙하다', '부족하다' 등 의미로 引伸됨.

– 淺薄(천박)　淺見(천견)　日淺(일천)

• 賤(천하다 천, jiàn) : '貝(패)'뜻와 '戔'소리이 합쳐져 '적은 금액'을 표현한 글자임. 여기에서 '싸다', '업신여기다' 등 의미로 引伸됨.

– 貴賤(귀천)　賤待(천대)　賤民(천민)　賤視(천시)

• 箋(문서 전, jiān) : '竹(죽)'뜻과 '戔'소리이 합쳐져 '간략한 기록'을 표현한 글자임. 여기에서 '주석', '문서' 등 의미로 引伸됨.

– 處方箋(처방전)

• 踐(밟다 천, jiàn) : '足(족)'뜻과 '戔'소리이 합쳐져 '발로 밟다'를 표현한 글자임. 여기에서 '실행하다', '실천하다' 등 의미로 引伸됨.

– 實踐(실천)　履踐(이천)

126. 爿【침대 **장/상**, qiáng】

商	西周	春秋戰國	秦	漢	韓國	中國
[illegible]	[illegible]	[illegible]	[illegible]	[illegible]	爿	丬
–	–	[illegible]	[illegible]	–	牀/床	床

'사람이 누워 쉴 수 있는 가구'를 표현한 글자임. 후에 '木(목)'[뜻]을 추가한 '牀(평상 상, chuáng)'과 '广(엄)'[뜻]을 추가한 '床(평상 상, chuáng)'이 파생됨.

* 관련한자

商	西周	春秋戰國	秦	漢	韓國	中國
–	–	[illegible]	[illegible]	[illegible]	壯	壮
–	–	[illegible]	[illegible]	[illegible]	狀	状
–	–	[illegible]	[illegible]	[illegible]	將	将
–	–	[illegible]	[illegible]	[illegible]	醬	酱

- 壯(굳세다 장, zhuàng) : '士(사)'[뜻]와 '爿'[소리]이 합쳐져 '건장한 남성'을 표현한 글자임. 여기에서 '젊다', '힘이 있다' 등 의미로 引伸됨.

– 壯觀(장관)　雄壯(웅장)　健壯(건장)　少壯(소장)

- 狀(모양 상/문서 장, zhuàng) : '犬(견)'[뜻]과 '爿'[소리]이 합쳐져 '개의 형상'을 표현한 글자임. 여기에서 '형상', '용모', '상황', '묘사', '문서' 등 의미로 引伸됨.

– 狀態(상태)　狀況(상황)　賞狀(상장)　送狀(송장)

- 將(장수 장/장차 장, jiàng/jiāng) : '爿', '肉(육)', '寸(촌)'이 합쳐진 구조임.[148] 현재 '거느리다', '장차' 등 의미로 사용되고 있음.

– 將軍(장군)　將來(장래)　將次(장차)　主將(주장)

148) 本義는 불분명함.

• 醬(담근 음식 장, jiàng) : ‘酉(유)’뜻와 ‘爿’소리이 합쳐져 ‘항아리에 담근 장류 음식’을 표현한 글자임. 秦代에 ‘肉(육)’뜻이 추가되어 ‘酉(유)’뜻와 ‘將’소리의 구조로 변형됨.

– 炸醬麵(자장면) 된+醬(된장) 간+醬(간장) 醬+조림(장조림)

127. 啇【밑동 적, dí】

商	西周	春秋戰國	秦	漢	韓國	中國
–					啻/啇	啻/啇

초기 형태는 '帝(제)'와 '口(구)'가 합쳐진 '啻(시)'였음. 시간이 흐르면서 두 글자가 합쳐져 새로운 글자 '啇'이 만들어짐. 本義는 불분명하며, 주로 소리 요소로 사용됨.149)

* 관련한자

商	西周	春秋戰國	秦	漢	韓國	中國
–	–				適	适
–	–				敵	敌
–	–	–			摘	摘
–	–	–		–	嫡	嫡

- 適(적당하다 적, shì) : '辵(착)'뜻과 '啇'소리이 합쳐져 '가다'를 표현한 글자임. 여기에서 '시집가다', '적합하다', '마땅하다' 등 의미로 引伸됨.

– 適切(적절) 適性(적성) 適期(적기) 最適(최적)

- 敵(대적하다 적, dí) : '攴(복)'뜻과 '啇'소리이 합쳐져 '서로 맞서다'를 표현한 글자임. 여기에서 '대항하다', '상대방', '원수' 등 의미로 引伸됨.

– 敵國(적국) 敵對(적대) 天敵(천적) 宿敵(숙적)

- 摘(따다 적, zhāi) : '手(수)'뜻와 '啇'소리이 합쳐져 '손으로 따다'를 표현한 글자임. 여기에서 '들추어내다', '가려서 쓰다' 등 의미로 引伸됨.

– 摘發(적발) 摘出(적출) 摘示(적시) 指摘(지적)

- 嫡(정실 적, dí) : '女(녀)'뜻와 '啇'소리이 합쳐져 '본처(本妻)'를 표현한 글자임. 여기에서 '본처가 낳은 자식', '대를 이을 사람' 등 의미로 引伸됨.

– 嫡室(적실) 嫡子(적자) 嫡統(적통) 嫡孫(적손)

---

149) '啇'이 생겨난 후, '啻'는 자연스럽게 폐지됨.

128. 田【밭 **전**, tián】

商	西周	春秋戰國	秦	漢	韓國	中國
田	田	田	田	田	田	田

‘가로 세로 경계를 표시한 농지’를 표현한 글자임. 여기에서 ‘사냥터’, ‘면적’, ‘농사’ 등 의미로 引伸됨. 한국에서는 논은 ‘畓(답)’, 밭은 ‘田(전)’으로 구별함.[150]

* 관련한자

商	西周	春秋戰國	秦	漢	韓國	中國
–	–	–	界	界	界	界
		當	當	當	當	当
–	苗	苗	苗	苗	苗	苗
–	留	留	留	留	留	留

• 界(경계 계, jiè) : ‘田’[뜻]과 ‘介(개)’[소리]가 합쳐져 ‘땅의 경계’를 표현한 글자임. 여기에서 ‘영역’, ‘한계’ 등 의미로 引伸됨.

– 境界(경계) 業界(업계) 限界(한계) 各界各層(각계각층)

• 當(마땅히 당, dāng) : ‘田’[뜻]과 ‘尙(상)’[소리]이 합쳐져 ‘두 논밭의 크기 및 가치가 비슷하다’를 표현한 글자임. 여기에서 ‘균형 잡히다’, ‘동등하다’, ‘저당하다’, ‘(임무, 책임을)맡다’, ‘마주하다’ 등 의미로 引伸됨.

– 當面(당면) 該當(해당) 抵當(저당) 擔當(담당)

• 苗(싹 묘, miáo) : ‘田’[뜻]과 ‘艸(초)’[뜻]가 합쳐져 ‘밭에 자라난 싹’을 표현한 글자임. 여기에서 ‘어리다’, ‘작다’ 등 의미로 引伸됨.

– 苗木(묘목) 種苗(종묘) 拔錨助長(발묘조장)

• 留(머무르다 류, liú) : ‘田’[뜻]과 ‘卯(묘)’[소리]가 합쳐져 ‘밭에 머무르다’를 표현한 글자임. 여기에서 ‘멈추다’, ‘남기다’ 등 의미로 引伸됨.

– 留意(유의) 留念(유념) 抑留(억류) 滯留(체류)

150) ‘畓’은 한국에서 만든 한자임.

129. 歬【앞 **전**, qián】

商	西周	春秋戰國	秦	漢	韓國	中國
					歬	歬

‘통에 물을 담아 발을 씻는 모습’을 표현한 글자임. ‘통’이 점차 ‘舟’로 변형되어 현재의 모양을 만듦.151) 本義는 ‘씻다’이며, 방향의 ‘앞’은 假借된 것임.

* 관련한자

商	西周	春秋戰國	秦	漢	韓國	中國
–	–	–			前	前
–	–	–	–	–	剪	剪
–	–	–			煎	煎
–	–				箭	箭

- 前(앞 전, qián) : ‘刀(도)’[뜻]와 ‘歬’[소리]이 합쳐져 ‘자르다’를 표현한 글자임. ‘앞’으로 假借되었고, 여기에서 다시 ‘먼저’, ‘미래’, ‘앞서다’ 등 의미로 引伸됨. 漢代에 ‘舟’는 모양이 유사한 ‘月’로 바뀌었고, ‘止’ 는 ‘䒑’ 로 변형되어 현재의 모양을 만듦.

– 前提(전제) 前職(전직) 事前(사전) 如前(여전)

- 剪(자르다 전, jiǎn) : ‘前’이 ‘앞’으로 假借되자, ‘刀(도)’[뜻]를 추가해 파생된 글자임.

– 剪枝(전지) 剪草除根(전초제근)

- 煎(지지다 전, jiān) : ‘火(화)’[뜻]와 ‘前’[소리]이 합쳐져 ‘불로 음식을 지지다’를 표현한 글자임. 여기에서 ‘끓이다’, ‘애태우다’ 등 의미로 引伸됨.

– 煎餠(전병) 花煎(화전) 酒煎子(주전자)

---

151) 商代문자를 ‘洗(세)’로 해석하는 견해도 있음.

• 箭(화살 전, jiàn) : '竹(죽)'[뜻]과 '前'[소리]이 합쳐져 '화살'을 표현한 글자임. 여기에서 '빠르다' 등 의미로 引伸됨. 春秋戰國시대에는 '竹(죽)'[뜻]과 '歬'[소리]의 구조를 사용했음.

– 光陰如箭(광음여전)　一箭雙鵰(일전쌍조)

130. 專【오로지 전, zhuān】

商	西周	春秋戰國	秦	漢	韓國	中國
[illegible]	[illegible]	[illegible]	[illegible]	[illegible]	叀	叀
[illegible]	–	–	[illegible]	[illegible]	專	专

‘叀(전)’뜻과 ‘又(우)’뜻가 합쳐져 ‘물레를 돌려 실을 뽑다’를 표현한 글자임.152) 여기에서 ‘한 가지에 집중하다’, ‘오로지’, ‘전문적’ 등 의미로 引伸됨. ‘又’는 의미가 유사한 ‘寸(촌)’으로 바뀌어 현재의 모양을 만듦.

* 관련한자

商	西周	春秋戰國	秦	漢	韓國	中國
[illegible]	[illegible]	[illegible]	[illegible]	[illegible]	傳	传
–	–	[illegible]	[illegible]	[illegible]	轉	转
–	[illegible]	–	[illegible]	–	團	团

• 傳(전하다 전, chuán/zhuàn) : ‘人(인)’뜻과 ‘專’소리이 합쳐져 ‘역참(驛站)’을 표현한 글자임.153) 여기에서 ‘전달하다’, ‘옮기다’, ‘알리다’ 등 의미로 引伸됨.

– 傳達(전달) 傳播(전파) 遺傳(유전) 傳記(전기)

• 轉(바꾸다 전, zhuǎn/zhuàn) : ‘車(거)’뜻와 ‘專’소리이 합쳐져 ‘수레로 물건을 옮기다’를 표현한 글자임. 여기에서 ‘(방향, 상황, 위치를)바꾸다’로 引伸됨.

– 轉換(전환) 逆轉(역전) 回轉(회전) 移轉(이전)

• 團(둥글다 단, tuán) : ‘囗(위/국)’뜻과 ‘專’소리이 합쳐져 ‘둥글다’를 표현한 글자임. 여기에서 ‘모으다’, ‘모이다’, ‘모임’ 등 의미로 引伸됨.

– 團結(단결) 團欒(단란) 集團(집단) 財團(재단)

---

152) ‘실타래’, ‘베틀’ 등 다양한 견해가 있음.

153) 국가의 명령과 공문서의 전달, 변방의 긴급한 군사 정보 및 외국 사신 왕래에 따른 영송(迎送)과 접대, 그리고 공공 물자의 운송 등을 위하여 설치된 교통 통신기관.

131. 井【우물 **정**, jǐng】

商	西周	春秋戰國	秦	漢	韓國	中國
					井	井
					幵/开	幵/开

‘우물에 설치된 난간’을 표현한 글자임. 가운데 빈 공간에 의미 없는 점을 찍기도 하였음. 우물에 설치된 난간은 넘어가서는 안 되기에 ‘법규’, ‘형벌’ 등 의미로 引伸됨. ‘幵(견)’은 ‘笄(비녀 계, jī)’의 초기 모양으로 두 개의 비녀(干)를 그린 것임.154) ‘井’과 ‘幵’은 모양이 유사하여 혼용되었으며, 다른 글자와 함께 사용될 때 모두 ‘开’로 변형되기도 함.

* 관련한자

商	西周	春秋戰國	秦	漢	韓國	中國
–					刑	刑
–	–	–			形	形
	–	–		–	姸	妍
–	–	–			硏	研

• 刑(형벌 형, xíng) : ‘井’뜻과 ‘刀(도)’뜻가 합쳐져 ‘법규를 위반하여 벌로 다스림’을 표현한 글자임. 또한 ‘모범’, ‘모형’, ‘모양’ 등 의미로 引伸되자, ‘土(토)’뜻가 추가된 ‘型(모형 형, xíng)’이 파생됨.

– 刑事(형사) 求刑(구형) 模型(모형) 類型(유형)

154) ‘干(방패 간)’과 기원이 다른 글자임.

• 形(모양 형, xíng) : '彡(삼)'뜻과 '幵(견)'소리 혹은 '井(정)'소리이 합쳐져 '눈에 보이는 명확한 생김새'를 표현한 글자임. 여기에서 추상적인 '형세', '형용' 등 의미로 引伸됨.

– 形態(형태) 形式(형식) 形勢(형세) 形容(형용)

• 姸(예쁘다 연, yán) : '머리에 비녀를 꽂아 치장한 여인'을 표현한 글자임. 후에 비녀가 '幵'뜻/소리으로 바뀌면서 현재의 모양을 만듦. '娟(예쁘다 연, juān)'과 동일한 뜻임.

• 硏(갈다 연, yán) : '石(석)'뜻과 '幵(견)'소리이 합쳐져 '돌을 갈다'를 표현한 글자임. 여기에서 '문지르다', '탐구하다', '연구하다' 등 의미로 引伸됨.

– 硏究(연구) 硏修(연수) 硏磨(연마)

132. 正【바르다 정, zhèng】

商	西周	春秋戰國	秦	漢	韓國	中國
					正	正

‘止(지)’[뜻]와 장소를 뜻하는 ‘口’[뜻]가 합쳐져 ‘정벌을 위해 목적지로 이동하는 상황’ 표현한 글자임. 전쟁(정벌)은 ‘잘못된 것을 바로잡다’라는 대의명분에서 시작하기에 ‘바로잡다’, ‘다스리다’, ‘올바르다’ 등 의미로 引伸되었고, ‘처음’, ‘시작’ 등 의미는 假借된 것임.

* 관련한자

商	西周	春秋戰國	秦	漢	韓國	中國
					征	征
					政	政
					定	定
–	–				整	整

• 征(정벌하다 정, zhēng) : ‘彳(척)’[뜻]과 ‘正’[뜻/소리]이 합쳐져 ‘정벌하다’를 표현한 글자임. 여기에서 ‘시합하다’로 引伸됨.

– 征伐(정벌) 征服(정복) 遠征(원정) 出征(출정)

• 政(다스리다 정, zhèng) : ‘攴(복)’[뜻]과 ‘正’[뜻/소리]이 합쳐져 ‘무기와 같은 도구를 들고 잘못된 것을 바로 잡다’를 표현한 글자임. 여기에서 ‘다스리다’, ‘관리하다’ 등 의미로 引伸됨.

– 政府(정부) 政治(정치) 國政(국정) 財政(재정)

• 定(정하다 정, dìng) : ‘宀(면)’[뜻]과 ‘正’[뜻/소리]이 합쳐져 ‘집안을 잘 다스리다’를 표현한 글자임. 여기에서 ‘편안하다’, ‘안정되다’ 등 의미로 引伸됨. ‘疋’은 ‘正’의 변형된 모양임.

– 定期(정기) 推定(추정) 認定(인정) 暫定(잠정)

• 整(가지런하다 정, zhěng) : '敕(칙)'[뜻]과 '正'[뜻/소리]이 합쳐져 '가지런히 하다'를 표현한 글자임. 여기에서 '정돈하다', '단정하다', '온전하다' 등 의미로 引伸됨.

– 整理(정리) 整形(정형) 調整(조정) 不整脈(부정맥)

133. 鼎【솥 **정**, dǐng】

商	西周	春秋戰國	秦	漢	韓國	中國
					鼎	鼎

고대사회에서 사용하던 ‘발이 달린 솥’을 표현한 글자임.

* 관련한자

商	西周	春秋戰國	秦	漢	韓國	中國
					具	具
–					貞	贞

• 具(갖추다 구, jù) : ‘廾(공)’[뜻]과 ‘鼎’[뜻]이 합쳐져 ‘두 손으로 음식을 담은 솥을 받쳐 들고 있는 모습’을 표현한 글자임. 여기에서 ‘식사 준비를 마치다’, ‘준비되다’, ‘갖추다’, ‘그릇’, 도구’, ‘모두’ 등 의미로 引伸됨. ‘鼎’이 점차 ‘目(목)’으로 변형되어 현재의 모양을 만듦.

– 具備(구비) 具體(구체) 道具(도구) 家具(가구)

• 貞(곧다 정, zhēn) : ‘卜(복)’[뜻]과 ‘鼎’[소리]이 합쳐져 ‘점치다’를 표현한 글자임. 여기에서 ‘옳은 것을 가리키다’, ‘정도를 지키다’, ‘곧다’ 등 의미로 引伸됨. ‘鼎’이 점차 ‘貝(패)’로 변형되어 현재의 모양을 만듦.

– 貞淑(정숙) 貞節(정절) 貞操(정조) 童貞(동정)

134. 弟【아우 **제**, dì】

商	西周	春秋戰國	秦	漢	韓國	中國
					弟	弟

‘가죽 끈으로 창을 묶어 가지런히 정리한 모양’을 표현한 글자임. 여기에서 ‘(순서대로)정리하다’, ‘순서’, ‘차례’, ‘서열’, ‘동생’ 등 의미로 引伸됨. 창은 ‘丫’으로, 가죽 끈은 ‘弓’으로 변형되어 현재의 모양을 만듦.

* 관련한자

商	西周	春秋戰國	秦	漢	韓國	中國
–	–	–	–		第	第
–	–	–			梯	梯
–	–	–			悌	悌

• 第(차례 제, dì) : ‘竹(죽)’[뜻] 또는 ‘艸(초)’[뜻]와 ‘弟’[뜻/소리]가 합쳐져 ‘순서’, ‘서열’을 표현한 글자임.[155] 여기에서 ‘등급’, ‘합격’ 등 의미로 引伸됨. 漢代 이후 ‘竹’으로 통합됨.

– 第一(제일) 及第(급제) 落第(낙제)

• 梯(사다리 제, tī) : ‘木(목)’[뜻]과 ‘弟’[뜻/소리]가 합쳐져 ‘나무로 만든 사다리’를 표현한 글자임.

– 登樓去梯(등루거제)

• 悌(공손하다 제, tì) : ‘心(심)’[뜻]과 ‘弟’[뜻/소리]가 합쳐져 ‘서열을 중히 여기는 마음’을 표현한 글자임.

– 孝悌忠信(효제충신)

155) ‘竹’ 또는 ‘艸(초)’가 추가된 이유는 불분명함.

135. 鳥【새 조, niǎo】

商	西周	春秋戰國	秦	漢	韓國	中國
					鳥	鸟

‘앉아 있는 새’를 표현한 글자이며, ‘隹(추)’와는 동일한 의미임.

* 관련한자

商	西周	春秋戰國	秦	漢	韓國	中國
	–				鳴	鸣
	–				鷄	鸡
–	–				焉	焉
–					烏	乌

• 鳴(소리내다 명, míng) : ‘鳥’[뜻]와 ‘口(구)’[뜻]가 합쳐져 ‘새가 울다’를 표현한 글자임. 여기에서 ‘소리를 내다’, ‘울리다’ 등 의미로 引伸됨.

– 悲鳴(비명) 共鳴(공명) 耳鳴(이명) 孤掌難鳴(고장난명)

• 鷄(닭 계, jī) : ‘닭’을 표현한 글자임. 후에 ‘鳥’와 구별하기 위해 ‘奚(해)’[소리]를 추가한 ‘鷄’가 파생됨. ‘鳥(조)’ 대신 ‘隹(추)’를 사용하기도 하였으나, 현재는 ‘鳥’로 통일됨.

– 鷄卵(계란) 鷄肋(계륵) 群鷄一鶴(군계일학)

• 焉(어찌 언, yān) : ‘鳥’[뜻]와 ‘正(정)’이 합쳐진 글자임.[156] 本義는 없어지고, 假借된 ‘어찌’, ‘어떻게’ 등 허사 용법만 남음. ‘鳥’의 머리 부분이 생략되고, ‘正’과 합쳐져 현재의 모양을 만듦

– 於焉(어언)[157] 焉敢生心(언감생심)[158]

---

156) 本義는 불분명함.
157) 알지 못하는 동안에 어느덧. 於焉之間의 줄임말.
158) 어찌 감(敢)히 그런 마음을 먹을 수 있으랴!

• 烏(까마귀 오, wū) : '하늘을 향해 입을 벌리고 우는 까마귀'를 표현한 글자로 추정됨.159) 온몸이 검은 까마귀에서 '검다'로 引伸되었고, 감탄사, 의문·반어사로 假借됨. 戰國時代에 '烏'의 생략형 '於(어)'가 파생되어 허사로만 사용되고 있음.

– 烏飛梨落(오비이락) 於中間(어중간) 甚至於(심지어) 於此彼(어차피)

159) 몸이 검은 까마귀는 눈이 어디 있는지 식별하기 힘들어, '鳥'에서 한 획을 생략해 '烏'가 파생되었다는 견해가 있음.

136. 左【왼쪽 **좌**, zuǒ】

商	西周	春秋戰國	秦	漢	韓國	中國
					左	左

‘𠂇(좌)’에 ‘工’[부호]을 추가해 파생된 글자임. ‘왼손’에서 ‘왼쪽’, ‘돕다’, ‘두 번째’ 등 의미로 引伸됨.

* 관련한자

商	西周	春秋戰國	秦	漢	韓國	中國
–	–				佐	佐
–					差	差

- 佐(돕다 좌, zuǒ) : ‘人(인)’[뜻]과 ‘左’[뜻/소리]가 합쳐져 ‘남을 돕다’를 표현한 글자임.

– 輔佐(보좌)

- 差(다르다 차, chā/chà) : ‘左’[뜻]와 ‘𠂹(수)’[소리]가 합쳐져 ‘두 번째’를 표현한 글자임. 여기에서 ‘구별’, ‘다름’, ‘어긋남’, ‘부족함’ 등 의미로 引伸됨.

– 差異(차이) 差別(차별) 隔差(격차) 誤差(오차)

137. 坐【앉다 **좌**, zuò】

商	西周	春秋戰國	秦	漢	韓國	中國
[illegible]	–	[illegible]	[illegible]	[illegible]	坐	坐

‘바닥에 돗자리를 깔고 그 위에 무릎 꿇고 앉아 있는 모습’을 표현한 글자임. 돗자리는 점차 ‘土(토)’로 변형되었고, 꿇어앉은 사람이 좌우 대칭구조로 변형되어 현재의 모양을 만듦.

* 관련한자

商	西周	春秋戰國	秦	漢	韓國	中國
–	–	–	–	–	座	座
–	–	–	[illegible]	[illegible]	挫	挫

- 座(자리 좌, zuò) : ‘广(엄)’[뜻]과 ‘坐’[뜻/소리]가 합쳐져 ‘앉아 있는 장소’를 표현한 글자임. 여기에서 ‘받침’, ‘좌석’, ‘곳’ 등 의미로 引伸됨.

– 座席(좌석)　座談(좌담)　計座(계좌)[160]　座右銘(좌우명)

- 挫(꺾다 좌, cuò) : ‘手(수)’[뜻]와 ‘坐’[소리]가 합쳐져 ‘손으로 무언가를 훼손하다’를 표현한 글자임.

– 挫折(좌절)

160) ‘구좌(口座)’는 일본식 한자어임.

138. 舟【배 주, zhōu】

商	西周	春秋戰國	秦	漢	韓國	中國
					舟	舟

통나무의 속을 파내어 만든 '통나무배'를 표현한 글자임. 그 모양이 '凡(범)'과 유사해 고대부터 자주 혼용되었음.

* 관련한자

商	西周	春秋戰國	秦	漢	韓國	中國
–	–				船	船
					般	般
–					盤	盘
–	–	–	–	–	搬	搬

- 船(배 선, chuán) : '舟'[뜻]와 '㕣(연)'[소리]이 합쳐져 파생된 글자임.

– 船舶(선박) 船長(선장) 造船(조선) 滿船(만선)

- 般(일반 반, bān) : '凡'[뜻]과 '殳(수)'[뜻] 또는 '攴(복)'[뜻]이 합쳐져 '쟁반을 만들다'를 표현한 글자임. '보통', '일반적' 의미는 假借된 것임. '凡'은 점차 모양이 유사한 '舟'로 바뀌어 현재의 모양을 만듦.

– 一般(일반) 別般(별반) 全般(전반) 諸般(제반)

- 盤(쟁반 반, pán) : '皿(명)'[뜻]과 '般'[뜻/소리]이 합쳐져 '쟁반'을 표현한 글자임. 여기에서 '받침', '바탕', '국면' 등 의미로 引伸됨. 秦漢시대에는 재질을 강조한 '槃'과 '鎜'을 사용하기도 했음.

– 初盤(초반) 骨盤(골반) 地盤(지반) 巖盤(암반)

- 搬(옮기다 반, bān) : '手(수)'[뜻]와 '般'[뜻/소리]이 합쳐져 '쟁반에 물건을 담아 옮기다'를 표현한 글자임.

– 搬入(반입) 搬出(반출) 運搬(운반)

139. 壴【북 주, zhù】

商	西周	春秋戰國	秦	漢	韓國	中國
壴	壴	壴	壴	-	壴	壴

'둥근 북의 모양과 받침 그리고 장식(屮)'을 표현한 글자임.

* 관련한자

商	西周	春秋戰國	秦	漢	韓國	中國
鼓	鼓	鼓	鼓 鼓	鼓	鼓	鼓
喜	喜	喜	喜	喜	喜	喜
彭	彭	彭	彭	彭	彭	彭
尌	尌	尌	樹	樹	樹	树

- 鼓(북 고, gŭ) : '壴'[뜻]와 '殳(수)'[뜻]가 합쳐져 '북을 치다'를 표현한 글자임. 여기에서 '북', '북 모양 물건', '격려하다' 등 의미로 引伸됨. '북채'는 모양과 의미가 유사한 '殳(수)', '攴(복)', '支(지)' 세 가지가 혼용되었으나, 현재는 '支'로 통일됨.

– 鼓吹(고취) 鼓舞(고무) 鼓膜(고막) 鼓手(고수)

- 喜(기쁘다 희, xĭ) : '壴'[뜻]에 '口'[부호]를 추가해 파생되어, '음악(북소리)을 듣고 좋아하는 모습'을 표현한 글자로 추정됨.

– 喜色(희색) 喜劇(희극) 喜報(희보) 歡喜(환희)

- 彭(북소리 팽, péng) : '壴'[뜻]와 '彡(삼)'[뜻]이 합쳐져 '울려 퍼지는 북소리'를 표현한 글자임. 여기에서 '부풀어 오르다', '불룩해지다', '퍼지다' 등 의미로 引伸됨. '지명', '성씨'로 假借되자, '肉(육)'을 추가한 '膨(부풀다 팽, péng)'과 '水(수)'를 추가한 '澎(물소리 팽, péng)'이 파생됨.

– 膨脹(팽창) 膨膨(팽팽) 澎湃(팽배)

• 樹(심다 수, shù) : ‘又(우)’뜻와 ‘木(목)’뜻이 합쳐져 ‘나무 심는 모습’을 표현한 글자임. 西周시대에 ‘豆(두)’소리가 추가되면서 ‘壴’와 혼용됨.161) 秦代에 두 글자의 구별을 위해, 다시 ‘木’뜻이 추가되었고, ‘又’는 ‘寸(촌)’ 교체되어 현재의 모양을 만듦.

– 樹立(수립) 果樹(과수) 植樹(식수) 常綠樹(상록수)

161) 현재 ‘壴’가 포함된 글자는 ‘북’과 ‘나무 심다’ 두 가지 의미가 있음.

140. 重【무겁다 중/겹치다 중, zhòng/chóng】

商	西周	春秋戰國	秦	漢	韓國	中國
[illegible]	[illegible]	[illegible]	[illegible]	[illegible]	重	重

'짐(자루)을 짊어진 사람'을 표현한 글자임. 여기에서 '무겁다', '귀중하다', '중요하다' 등 의미로 引伸됨. '겹치다', '반복하다'는 假借된 것임. 西周시대에 '사람과 자루'가 상하구조로 바뀌었고, 春秋戰國시대에 의미 없는 '土(토)'가 추가되어 현재의 모양을 만듦. '重'과 '童'은 모양과 발음이 유사하여 자주 혼용됨.

* 관련한자

商	西周	春秋戰國	秦	漢	韓國	中國
[illegible]	[illegible]	[illegible]	[illegible]	[illegible]	量	量
–	–	[illegible]	[illegible]	[illegible]	動	动
–	[illegible]	[illegible]	[illegible]	[illegible]	鍾	钟
–	[illegible]	[illegible]	[illegible]	[illegible]	鐘	钟

• 量(헤아리다 량, liáng/liàng) : '日(일)'과 '東(동)'이 합쳐진 글자로 추정됨. 本義는 '부피, 무게를 재거나 다는 기구'이며, 여기에서 '양', '헤아리다', '받아들이다' 등 의미로 引伸됨.

– 量産(양산) 容量(용량) 裁量(재량) 雅量(아량)

• 動(움직이다 동, dòng) : '力(력)'뜻과 '重'소리이 합쳐져 '움직이다'를 표현한 글자임. 여기에서 '떨리다', '감응하다' 등 의미로 引伸됨. 春秋戰國시대에는 '辵(착)'뜻과 '童(동)'소리이 합쳐진 구조를 사용했음.

– 動搖(동요) 動機(동기) 移動(이동) 煽動(선동)

• 鐘(타악기 종, zhōng) : '金(금)'뜻과 '童'소리 또는 '重'소리이 합쳐져 '종'을 표현한 글자임. 고대부터 '鐘'과 '鍾'은 줄곧 異體 관계였으며, 현재는 '鐘'을 주로 사용함.

– 鐘閣(종각) 打鐘(타종) 警鐘(경종) 自鳴鐘(자명종)

141. 曾【일찍 증, céng】

商	西周	春秋戰國	秦	漢	韓國	中國
曾	曾	曾	曾	曾	曾	曾
–	–	–	甑	甑	甑	甑

음식을 수증기로 익히게 만든 '조리 기구'를 표현한 글자임. '田'모양은 구멍이 뚫려 수증기가 통하는 도구이며, '丷'는 수증기를 표현한 것임. 西周시대에 물을 담은 그릇(口)이 추가되었으나, 점차 '曰(왈)'로 변형되어 현재의 모양을 만듦. 음식을 찌기 위해 포개어져 설치된 찜통 모양에서 '겹쳐지다', '늘어나다' 등 의미로 引伸되었고, '일찍이', '이미', '이전' 등 의미로 假借되자, '瓦(와)'[뜻]를 추가한 '甑(시루 증, zèng)'이 파생됨.

* 관련한자

商	西周	春秋戰國	秦	漢	韓國	中國
–	–	–	層	–	層	层
–	–	增	增	增	增	增
–	–	贈	贈	贈	贈	赠
–	–	憎	憎	憎	憎	憎

• 層(겹치다 층, céng) : '尸(시)'[뜻]와 '曾'[뜻/소리]이 합쳐져 '겹쳐지다'를 표현한 글자임.[162] 여기에서 '등급', '층계', '계층' 등 의미로 引伸됨.

– 高層(고층) 階層(계층) 深層(심층) 中産層(중산층)

162) '屋(옥)'의 생략형과 '曾'[뜻/소리]이 합쳐져 '복층 구조 집'을 표현한 글자로도 볼 수 있음.

• 增(늘어나다 증, zēng) : '土(토)'[뜻]와 '曾'[뜻/소리]이 합쳐져 '흙이 겹쳐 쌓이다'를 표현한 글자임. 여기에서 '더하다', '많다', '늘어나다' 등 의미로 引伸됨.

– 增額(증액) 增築(증축) 急增(급증) 加增(가증)

• 贈(주다 증, zèng) : '貝(패)'[뜻]와 '曾'[소리]이 합쳐져 '남에게 선물하다'를 표현한 글자임.

– 贈與(증여) 贈呈(증정) 寄贈(기증)

• 憎(미워하다 증, zēng) : '心(심)'[뜻]과 '曾'[소리]이 합쳐져 '미워하다'를 표현한 글자임.

– 憎惡(증오) 愛憎(애증) 可憎(가증)

142. 止【발 **지/그치다 지**, zhǐ】

商	西周	春秋戰國	秦	漢	韓國	中國
					止	止
–	–	–	–		趾	趾

‘사람의 발’을 표현한 글자임. 여기에서 ‘걷다’, ‘행동하다’, ‘머무르다’, ‘멈추다’, ‘금지하다’ 등 의미로 引伸되자, ‘足(족)’[뜻]을 추가한 ‘趾(발 지, zhǐ)’가 파생됨.

* 관련한자

商	西周	春秋戰國	秦	漢	韓國	中國
	–				企	企
					此	此
–	–	–			址	址
–	–	–			祉	祉
–	–			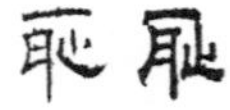	恥	耻

- 企(꾀하다 기, qǐ) : 사람의 발(止)을 강조해 ‘발꿈치를 들고 있는 모습’을 표현한 글자임. 여기에서 ‘멀리 보다’, ‘바라다’, ‘기대하다’, ‘계획하다’ 등 의미로 引伸됨.

– 企業(기업)　企圖(기도)

- 此(이것 차, cǐ) : ‘止’[뜻]와 ‘人(인)’[뜻]이 합쳐진 글자임.[163] ‘人’이 점차 ‘匕’로 바뀌어 현재의 모양을 만듦. 대명사 ‘이것’은 假借된 것임.

– 此後(차후)　彼此(피차)　於此彼(어차피)　此日彼日(차일피일)

163) 本義는 불분명함.

• 址(터 지, zhǐ) : ‘阜(부)’[뜻] 또는 ‘土(토)’[뜻]와 ‘止’[소리]가 합쳐져 ‘터’, ‘장소’를 표현한 글자임. 秦漢시대에는 ‘阯’와 ‘址’가 모두 사용되었으나, 현재는 ‘址’를 사용함.

– 住居址(주거지) 彌勒寺址(미륵사지)

• 祉(복 지, zhǐ) : ‘示(시)’[뜻]와 ‘止’[소리]가 합쳐져 ‘신이 내려준 복’을 표현한 글자이며, ‘福(복)’과 같은 뜻임.

– 福祉(복지)

• 恥(부끄럽다 치, chǐ) : ‘心(심)’[뜻]과 ‘耳(이)’[소리]가 합쳐져 ‘부끄러운 마음’을 표현한 글자임. 漢代에 ‘心’이 모양이 비슷한 ‘止’와 혼용되면서 ‘耻(치)’가 만들어짐.[164]

– 恥辱(치욕) 恥部(치부) 破廉恥(파렴치) 不恥下問(불치하문)

164) 현재 중국에서 사용하고 있음.

143. 旨【뜻 지, zhǐ】

商	西周	春秋戰國	秦	漢	韓國	中國
					旨	旨

‘人(인)’[뜻]과 ‘口(구)’[뜻]가 합쳐져 ‘사람의 입맛에 맞다’를 표현한 글자임.[165] 여기에서 ‘맛’, ‘좋다’, ‘뜻한 바’, ‘의지’ 등 의미로 引伸됨. 商代에 ‘口’를 유독 크게 강조한 것이 특징임. ‘人’은 점차 ‘匕’로 변형되었고, ‘口’는 ‘甘(감)’과 혼용되다가, 漢代에 ‘日(일)’로 변형되어 현재의 모양을 만듦.

* 관련한자

商	西周	春秋戰國	秦	漢	韓國	中國
–					嘗	尝
–	–				指	指
–	–				脂	脂

• 嘗(맛보다 상, cháng) : ‘旨’[뜻]와 ‘尙(상)’[소리]이 합쳐져 ‘음식을 맛보다’를 표현한 글자임. 여기에서 ‘체험하다’, ‘시도하다’, ‘겪다’, ‘과거’ 등 의미로 引伸됨.

– 臥薪嘗膽(와신상담)

• 指(가리키다 지, zhǐ) : ‘手(수)’[뜻]와 ‘旨’[뜻/소리]가 합쳐져 ‘뜻한 바를 손으로 가리킴’을 표현한 글자임. 여기에서 ‘지시하다’, ‘손가락’ 등 의미로 引伸됨.

– 指稱(지칭) 指彈(지탄) 指揮(지휘) 屈指(굴지)

• 脂(기름 지, zhī) : ‘肉(육)’[뜻]과 ‘旨’[뜻/소리]가 합쳐져 ‘동물의 지방’을 표현한 글자임.

– 脂肪(지방) 皮脂(피지)

165) ‘匕(비)’와 ‘口(구)’가 합쳐져 ‘숟가락으로 음식을 먹다’로 보는 견해도 있음.

144. 至【도착하다 **지**, zhì】

商	西周	春秋戰國	秦	漢	韓國	中國
					矢	矢
					至	至

‘矢(시)’[뜻]와 ‘지면(一)’[뜻]이 합쳐져 ‘공중으로 쏘아올린 화살이 정점에 도착한 후 지면으로 돌아온 상황’을 표현한 글자임. 여기에서 ‘도착하다’, ‘마침내’, ‘지극히’, ‘다하다’ 등 의미로 引伸됨.

* 관련한자

商	西周	春秋戰國	秦	漢	韓國	中國
–					到	到
–					致	致
–	–	–			倒	倒
					室	室

- 到(도착하다 도, dào) : ‘人(인)’[뜻]과 ‘至’[뜻]가 합쳐져 ‘사람이 도착하다’를 표현한 글자임. 여기에서 ‘닿다’, ‘가다’ 등 의미로 引伸됨. 秦代에 ‘人’은 모양이 유사한 ‘刀(도, dāo)’[소리]로 바뀌어 현재의 모양을 만듦.

– 到着(도착)　到處(도처)　到達(도달)　周到綿密(주도면밀)

• 致(도착하다 치, zhì) : '人(인)'[뜻]과 '至'[뜻/소리]가 합쳐져 '사람이 도착하다'를 표현한 글자임.[166] 여기에서 '보내다', '다다르다' 등 의미로 引伸됨. '발'까지 구체적으로 묘사된 사람에서 '발(止)'만 취하여 파생된 글자임.[167] '止'가 '夂(쇠)'로, 다시 모양이 유사한 '攵(복)'으로 변형되어 현재의 모양을 만듦.

– 拉致(납치) 致命(치명) 極致(극치) 致賀(치하)

• 倒(넘어지다 도, dǎo/dào) : '人'[뜻]과 '到'[소리]가 합쳐져 '사람이 넘어지다'를 표현한 글자임. 여기에서 '거꾸로 되다', '실패하다', '거스르다', '오히려' 등 의미로 引伸됨.

– 倒置(도치) 倒産(도산) 顚倒(전도) 壓倒(압도)

• 室(집 실, shì) : '宀(면)'[뜻]과 '至'[뜻/소리]가 합쳐져 '사람이 머물러 생활하는 집'을 표현한 글자임. 여기에서 '방', '공간', '부서' 등 의미로 引伸됨.

– 室長(실장) 室外(실외) 溫室(온실) 寢室(침실)

---

166) '到'와 '致'는 한 글자에서 파생된 것임.

167) '夂(발 쇠)'는 '止'를 거꾸로 그린 것'으로 '夂(발 치)'와 동일한 글자임. 秦代에는 두 글자를 구별하였으나, 현재는 구별 없이 '夂'로 통합됨.

145. 直【곧다 직, zhí】

商	西周	春秋戰國	秦	漢	韓國	中國
直	直	直	直	直	直	直

사람의 눈 위에 곧은 막대기를 추가해 '사물의 굽고(曲) 곧음(直)을 측량하는 모습'을 표현한 글자임. 여기에서 '곧다', '바르다', '꾸미지 아니하다', '대하다' 등 의미로 引伸됨. 西周時代에 획(乚)이 추가되었고, 막대기에 점(•) 또는 획(−)이 추가되어 현재의 모양을 만듦.

* 관련한자

商	西周	春秋戰國	秦	漢	韓國	中國
–	–	–	値	値	値	値
–	–	植	植	植	植	植
–	–	–	殖	殖	殖	殖
–	–	–	置	置	置	置

• 値(값 치, zhí) : '人(인)'[뜻]과 '直'[뜻/소리]이 합쳐져 '걸맞다', '값어치' 등 의미를 표현한 글자임.

– 數値(수치)　等値(등치)　加重値(가중치)　期待値(기대치)

• 植(심다 식, zhí) : '木(목)'[뜻]과 '直'[뜻/소리]이 합쳐져 '나무를 심다'를 표현한 글자임. 여기에서 '심다', '세우다' 등 의미로 引伸됨.

– 植物(식물)　移植(이식)

• 殖(번식하다 식, zhí) : '歹(알)'[뜻]과 '直'[뜻/소리]이 합쳐져 '번식하다'를 표현한 글자임. 여기에서 '늘어나다', '키우다', '자라다' 등 의미로 引伸됨.

– 繁殖(번식)　養殖(양식)　生殖(생식)　殖民/植民(식민)[168]

---

168) 중국에서는 '殖民'으로 표기함.

• 置(두다 치, zhì) : '网(망)'[뜻]과 '直'[뜻/소리]이 합쳐져 '그물을 펼쳐두다'를 표현한 글자임. 여기에서 '배치하다', '두다' 등 의미로 引伸됨.

– 置重(치중) 設置(설치) 放置(방치) 裝置(장치)

146. 且【또 **차**, qiě】

商	西周	春秋戰國	秦	漢	韓國	中國
且	且	且	且	且	且	且
–	俎	俎	俎	俎	俎	俎

위에서 내려 본 '도마'[169]를 표현한 글자임. '또', '장차', '구차하다' 등 의미로 假借되자, '다리'까지 포함한 된 '俎(도마 조, zǔ)'가 파생됨.

* 관련한자

商	西周	春秋戰國	秦	漢	韓國	中國
–	–	祖	祖	祖	祖	祖
宜	宜	宜	宜	宜	宜	宜
–	–	–	助	助	助	助
–	組	組	組	組	組	组

• 祖(조상 조, zǔ) : '示(시)'[뜻]와 '且'[뜻/소리]가 합쳐져 '조상'을 표현한 글자임. 여기에서 '혈통', '근본', '시작' 등 의미로 引伸됨.

– 祖國(조국) 始祖(시조) 鼻祖(비조) 元祖(원조)

• 宜(마땅하다 의, yí) : '肉(육)'[뜻]과 '且'[뜻]가 합쳐져 '도마 위에 놓인 고기'를 표현한 글자임. 여기에서 '알맞다', '마땅하다' 등 의미로 引伸됨. 春秋戰國시대에 도마의 모양이 '宀(면)'으로 변형되고, '肉'이 점차 '且'로 변형되어 현재의 모양을 만듦.

– 宜當(의당) 便宜(편의) 時宜適切(시의적절)

• 助(돕다 조, zhù) : '力(력)'[뜻]과 '且'[소리]가 합쳐져 '돕다'를 표현한 글자임.

– 補助(보조) 協助(협조) 贊助(찬조) 援助(원조)

---

169) 원래 고기류 음식을 담는 용도였음.

• 組(조직하다 조, zǔ) : '糸(멱/사)'뜻와 '且'소리가 합쳐져 '허리끈'을 표현한 글자임. 여기에서 '(베를)짜다', '조직하다', '조직단위' 등 의미로 引伸됨.
– 組合(조합) 組織(조직) 勞組(노조) 骨組(골조)

147. 車【수레 **거**/차량 **차**, jū/chē】

商	西周	春秋戰國	秦	漢	韓國	中國
					車	车

‘사람이 타거나 짐을 실어 나르는 수레’를 표현한 글자임. 수레의 본체는 점차 생략되어 현재 ‘바퀴 한 짝’만 남아 있음.[170]

* 관련한자

商	西周	春秋戰國	秦	漢	韓國	中國
–					軍	军
–					軌	轨
–	–				庫	库
–	–				連	连

• 軍(군사 군, jūn) : ‘車’[뜻]와 ‘勻(균)’[소리]이 합쳐져 ‘군대 편제’를 표현한 글자임. 여기에서 ‘군사’, ‘군대’ 등 의미로 引伸됨. ‘勻’이 점차 ‘冖(멱)’으로 변형되어 현재의 모양을 만듦.

– 軍隊(군대) 軍縮(군축) 從軍(종군) 撤軍(철군)

• 軌(바퀴자국 궤, guǐ) : ‘車’[뜻]와 ‘九(구)’[소리]가 합쳐져 ‘수레바퀴의 자국’을 표현한 글자임. 여기에서 ‘길’, ‘규범’, ‘법도’ 등 의미로 引伸됨.

– 軌道(궤도) 軌跡/軌迹(궤적) 軌範(궤범) 儀軌(의궤)

170) 사람의 힘으로 움직이는 것은 ‘거’라 읽고, 제3의 힘으로 움직이는 것은 ‘차’로 읽음. 예) 車馬(거마), 自轉車(자전거), 車輛(차량), 自動車(자동차) 등.

• 庫(창고 고, kù) : ‘广(엄)’[뜻]과 ‘車(거)’[뜻/소리]가 합쳐져 ‘수레를 보관하는 창고’를 표현한 글자임. 여기에서 ‘창고’로 引伸됨.

– 倉庫(창고) 國庫(국고) 在庫(재고) 寶庫(보고) 庫間(곳간)[171]

• 連(잇닿다 련, lián) : ‘辵(착)’[뜻]과 ‘車(거)’[뜻]가 합쳐져 ‘도로에 운행 중인 수레’를 표현한 글자임.[172] 여기에서 ‘연속하다’, ‘연결되다’ 등 의미로 引伸됨.

– 連結(연결) 連繫(연계) 連累(연루) 連鎖(연쇄)

171) 두 음절로 된 한자어는 사이시옷을 넣지 않는 것이 원칙이나, 다음 여섯 단어의 경우는 예외로 함. 곳간(庫間), 셋방(貰房), 숫자(數字), 찻간(車間), 툇간(退間), 횟수(回數). ‘찻잔(茶盞)’은 여섯 단어에 해당하지 않지만, 한자어 ‘차(茶)’를 고유어처럼 인식하는 관습에 따라 ‘ㅅ’을 첨가하여 표기한 것을 인정함.

172) 輦(가마 련)과 같은 글자로 보는 견해도 있음.

148. 昌【창성하다 **창**, chāng】

商	西周	春秋戰國	秦	漢	韓國	中國
	–				昌	昌

'日(일)'[뜻]과 '口(구)'[뜻]가 합쳐져 '아침 해가 떠오를 때 큰소리로 사람들을 깨우는 상황'을 표현한 글자임. 여기에서 '외치다', '주장하다', '번성하다', '노래하다' 등 의미로 引伸됨. '口'는 '甘(감)'으로, 다시 '曰(왈)'로 변형되어 현재의 모양을 만듦.

* 관련한자

商	西周	春秋戰國	秦	漢	韓國	中國
–	–	–			唱	唱
–	–	–			倡	倡
–	–	–	–	–	猖	猖

- 唱(노래 창, chàng) : '口(구)'[뜻]와 '昌'[뜻/소리]이 합쳐져 '노래하다'를 표현한 글자임. 여기에서 '주장하다', '제기하다' 등 의미로 引伸됨.

– 獨唱(독창) 齊唱(제창) 提唱(제창)[173] 夫唱婦隨(부창부수)

- 倡(광대 창, chāng/chàng) : '人(인)'[뜻]과 '昌'[소리]이 합쳐져 '직업적 예능인'을 표현한 글자임. 여기에서 '앞장서서 이끌다', '인도하다' 등 의미로 引伸됨.

– 倡優(창우) 力倡(역창)

- 猖(미쳐 날뛰다 창, chāng) : '犬(견)'[뜻]과 '昌'[소리]이 합쳐져 '개가 이리 저리 뛰어다니다'를 표현한 글자임. 여기에서 '날뛰다', '어지럽다' 등 의미로 引伸됨.

– 猖獗(창궐) 猖披(창피)[174]

173) 한국은 '提唱', 중국은 '提倡'으로 표기함.
174) 머리를 마구 헝클어트리고 옷매무새를 단정하지 못하게 흩트린 모습.

149. 采【캐다 **채**, cǎi】

商	西周	春秋戰國	秦	漢	韓國	中國
采	采	采	采	采	采	采

'爪(조)'[뜻]와 '木(목)'[뜻]이 합쳐져 '손으로 나무 위의 열매를 따는 상황'을 표현한 글자임. 후에 '겉모양', '무늬', '색깔' 등 의미로 假借됨.

* 관련한자

商	西周	春秋戰國	秦	漢	韓國	中國
–	–	–	–	–	採	採
–	–	–	彩	–	彩	彩
–	菜	菜	菜	菜	菜	菜

- 採(캐다 채, cǎi) : '手(수)'[뜻]와 '采'[뜻/소리]가 합쳐져 '손으로 채취하다'를 표현한 글자임. 여기에서 '수집하다', '고르다' 등 의미로 引伸됨.

– 採取(채취) 採擇(채택) 特採(특채) 採算(채산)

- 彩(채색 채, cǎi) : '彡(삼)'[뜻]과 '采'[소리]가 합쳐져 '고운 빛깔'을 표현한 글자임. 여기에서 '겉모양', '무늬', '장식' 등 의미로 引伸됨.

– 彩色(채색) 光彩(광채) 多彩(다채) 異彩(이채)

- 菜(채소 채, cài) : '艸(초)'[뜻]와 '采'[소리]가 합쳐져 '먹을 수 있는 식물'을 표현한 글자임. 여기에서 '음식', '반찬' 등 의미로 引伸됨.

– 菜蔬(채소) 菜食(채식) 野菜(야채) 冷菜(냉채)

150. 川【내 천, chuān】

商	西周	春秋戰國	秦	漢	韓國	中國
					水	水
					川	川
					州	州

‘水(수)’는 ‘흐르는 물결’을 표현한 글자임. 가운데 거센 물결은 한 획으로, 잔잔한 물결은 좌우의 점으로 표현했음. ‘川’은 ‘물이 흐르는 장소’를 표현한 글자이고, ‘川’에 육지를 뜻하는 ‘ㅇ’을 추가한 것이 ‘州(주)’임.

* 관련한자

商	西周	春秋戰國	秦	漢	韓國	中國
					順	顺
–					訓	训
	–				巡	巡

• 順(따르다 순, shùn) : ‘頁(혈)’뜻과 ‘川’뜻/소리이 합쳐진 글자임.175) ‘순하다’, ‘따르다’ 등 의미로 사용됨. 春秋戰國시대에 ‘頁’ 대신 ‘心(심)’을 사용하기도 하였음.

– 順理(순리) 順序(순서) 順從(순종) 順應(순응)

• 訓(가르치다 훈, xùn) : ‘言(언)’뜻과 ‘川’뜻/소리이 합쳐져 ‘말로써 따르게 하다’를 표현한 글자임. 여기에서 ‘가르치다’, ‘타이르다’, ‘이끌다’ 등 의미로 引伸됨.

– 訓戒(훈계) 訓手(훈수) 教訓(교훈) 家訓(가훈)

• 巡(돌아보다 순, xún) : ‘辵(착)’뜻과 ‘川’뜻/소리이 합쳐져 ‘이곳저곳을 차례대로 둘러보다’를 표현한 글자임. 여기에서 ‘살피다’, ‘어루만지다’ 등 의미로 引伸됨.

– 巡訪(순방) 巡視(순시) 巡察(순찰) 巡迴(순회)

---

175) 本義는 불분명함.

151. 舛【두발 **천**/어긋나다 **천**, chuǎn】

商	西周	春秋戰國	秦	漢	韓國	中國
					舛	舛

'사람의 두 발'을 표현한 글자이며, 왼쪽 발은 '夕(석)'으로 변형됨. 후에 '왼쪽을 향한 발과 오른쪽을 향한 발'에서 '어긋나다', '섞이다' 등 의미로 引伸됨.

* 관련한자

商	西周	春秋戰國	秦	漢	韓國	中國
					無	无
–					舞	舞
–	–				桀	桀
–	–				傑	杰

- 無(없다 무, wú) : '사람(大)이 손에 도구를 들고 춤추는 모습'을 표현한 글자임. 후에 손과 도구가 합쳐져 현재의 모양을 만듦. '없다', '~하지 않다' 등 의미로 假借되자, '舛'[뜻]을 추가한 '舞(춤추다 무, wǔ)'가 파생됨.
- 舞(춤추다 무, wǔ) : '無'[뜻/소리]에 '舛'[뜻]을 추가해 파생된 글자임.

– 舞臺(무대) 舞踊(무용) 群舞(군무) 飮酒歌舞(음주가무)

- 桀(뛰어나다 걸, jié) : '舛'과 '木(목)'이 합쳐져 '사람이 나무 위에 올라탄 모습'을 표현한 글자임.[176]
- 傑(뛰어나다 걸, jié) : '人(인)'[뜻]과 '桀'[뜻/소리]이 합쳐져 '(사람이)출중하다'를 표현한 글자임. 여기에서 '뛰어나다', '우수하다' 등 의미로 引伸됨.

– 傑出(걸출) 傑作(걸작) 英雄豪傑(영웅호걸)

---

176) 本義는 불분명함.

152. 僉【모두 **첨**, qiān】

商	西周	春秋戰國	秦	漢	韓國	中國
–	僉	僉	僉	僉	僉	僉

‘거꾸로 그린 입’과 ‘꿇어앉은 두 사람’이 합쳐져 ‘많은 사람들에게 명령하는 상황’을 표현한 글자로 추정됨. 여기에서 ‘모두’, ‘여러’ 등 의미로 引伸됨.

* 관련한자

商	西周	春秋戰國	秦	漢	韓國	中國
–	–	–	儉	儉	儉	俭
–	鐱	鐱	劍	劍	劍	剑
–	–	–	檢	檢	檢	检
–	–	–	驗	驗	驗	验

- 儉(검소하다 검, jiǎn) : ‘人(인)’뜻과 ‘僉’소리이 합쳐져 ‘사람의 절제된 행위’를 표현한 글자임. 여기에서 ‘절약하다’, ‘넉넉하지 못하다’, ‘검소하다’ 등 의미로 引伸됨.

– 儉素(검소) 勤儉(근검)

- 劍(양날 칼 검, jiàn) : ‘刀(도)’뜻와 ‘僉’소리이 합쳐져 ‘양쪽에 날을 세운 칼’을 표현한 글자임. 秦代이전에는 ‘金’뜻을 사용했음.

– 劍道(검도) 劍客(검객) 寶劍(보검) 着劍(착검)

- 檢(검사하다 검, jiǎn) : ‘木(목)’뜻과 ‘僉’소리이 합쳐져 ‘봉인(封印)하다’를 표현한 글자임.177) 여기에서 ‘조사하다’, ‘검사하다’ 등 의미로 引伸됨.

– 檢討(검토) 檢證(검증) 點檢(점검) 剖檢(부검)

- 驗(시험 험, yàn) : ‘馬(마)’뜻와 ‘僉’소리이 합쳐져 ‘말의 종류’를 표현한 글자임. ‘효과’, ‘효력’, ‘검증’ 등 의미는 假借된 것임.

– 經驗(경험) 體驗(체험) 試驗(시험) 效驗(효험)

---

177) 고대에 ‘竹簡(죽간)’ 또는 ‘木簡(목간)’에 글을 쓰고 封印(봉인)을 하였음.

153. 肖【닮다 초, xiào】

商	西周	春秋戰國	秦	漢	韓國	中國
–	–	肖	肖	肖	肖	肖

‘小(소)’[뜻]와 ‘月(월)’[뜻]이 합쳐져 ‘달이 작다’, 즉 ‘초저녁’을 표현한 글자임. ‘닮다’는 假借된 것임.

* 관련한자

商	西周	春秋戰國	秦	漢	韓國	中國
–	–	宵	宵	宵	宵	宵
–	–	削	削	削	削	削
–	–	–	消	消	消	消
–	–	–	哨	–	哨	哨

• 宵(밤 소, xiāo) : ‘宀(면)’[뜻]과 ‘肖’[뜻/소리]가 합쳐져 ‘초저녁’을 표현한 글자임.
– 元宵節(원소절)[178]

• 削(깎다 삭, xiāo/xuē) : ‘刀(도)’[뜻]와 ‘肖’[소리]가 합쳐져 ‘칼로 깎다’를 표현한 글자임. 여기에서 ‘줄이다’, ‘약해지다’, ‘빼앗다’ 등 의미로 引伸됨.
– 削除(삭제) 削減(삭감) 削髮(삭발) 添削(첨삭)

• 消(사라지다 소, xiāo) : ‘水(수)’[뜻]와 ‘肖’[뜻/소리]가 합쳐져 ‘물이 줄다’를 표현한 글자임. 여기에서 ‘사라지다’, ‘녹다’, ‘줄어들다’ 등 의미로 引伸됨.
– 消毒(소독) 消滅(소멸) 消費(소비) 消耗(소모)

• 哨(망보다 초, shào) : ‘口(구)’[뜻]와 ‘肖’[소리]가 합쳐져 ‘입으로 소리 내다’를 표현한 글자로 추정됨. 여기에서 ‘망보다’, ‘경계하다’ 등 의미로 引伸됨.
– 哨所(초소) 步哨(보초) 哨兵(초병) 前哨戰(전초전)

178) 정월 보름을 명절로 이르는 말.

154. 寸【손목 촌, cùn】

商	西周	春秋戰國	秦	漢	韓國	中國
–	–	[illegible]	[illegible]	寸	寸	寸

'손목'의 위치를 표현하기 위해 '又'에 '-'[부호]를 추가해 파생된 글자임. 길이의 단위로 사용되면서 '짧다', '적다', '조금' 등 의미로 引伸되었고,[179] 넓은 의미의 '손'으로도 引伸됨. 한국에서는 '친족 관계의 멀고 가까움을 나타내는 단위'로도 사용함.

* 관련한자

商	西周	春秋戰國	秦	漢	韓國	中國
–	[illegible]	[illegible]	[illegible]	付	付	付
–	–	–	[illegible]	討	討	讨
[illegible]	[illegible]	[illegible]	[illegible]	尋	尋	寻
[illegible]	–	[illegible]	[illegible]	辱	辱	辱

- 付(주다 부, fù) : '人(인)'[뜻]과 '又(우)'[뜻]가 합쳐져 '남에게 물건을 넘겨주다'를 표현한 글자임. 여기에서 '맡기다', '부탁하다' 등 의미로 引伸됨. '又'가 '寸'으로 바뀌어 현재의 모양을 만듦.

– 付託(부탁) 納付(납부) 發付(발부) 當付(당부)

- 討(공격하다 토, tǎo) : '言(언)'[뜻]과 '寸'[뜻]이 합쳐져 '다스리다'를 표현한 글자임. 여기에서 '치다', '때리다', '공격하다', '탐구하다' 등 의미로 引伸됨.

– 討伐(토벌) 討論(토론) 聲討(성토) 檢討(검토)

179) 고대에 길이 단위는 주로 사람의 몸을 표준으로 정했음.

• 尋(찾다 심, xún) : '양손을 벌려 돗자리의 길이를 재는 상황'을 표현한 글자임. 여기에서 '찾다', '캐묻다' 등 의미로 引伸됨. '돗자리'는 다양한 변화를 거쳐 현재의 '工(공)'과 '口(구)'가 되었고, 양팔은 각각 '彐'과 '寸'으로 변형되어 현재의 모양을 만듦.

– 尋常(심상)　推尋(추심)

• 辱(욕되다 욕, rǔ) : '辰(진)'[뜻]과 '寸'[뜻]이 합쳐져 '손에 조개껍데기를 들고 논밭의 잡초를 제거하다'를 표현한 글자임. 여기에서 '고생하다', '욕보이다' 등 의미로 引伸됨.

– 榮辱(영욕)　侮辱(모욕)　屈辱(굴욕)　辱說(욕설)

155. 悤【바쁘다 총, cōng】

商	西周	春秋戰國	秦	漢	韓國	中國
					悤	悤
–	–	–		–	囱/囪	囱/囪

‘心(심)’뜻에 ‘丨’부호을 추가하여 ‘마음을 관통하다’를 표현한 글자임. 여기에서 ‘집에 빛 또는 공기가 통하다’로 引伸되었고, ‘마음이 급하다’로 假借됨. 세로획 ‘丨’는 점차 다음과 같은 변천과정을 거쳐 ‘囪’으로 파생됨.

* → → → → 囪 → 囱

* 관련한자

商	西周	春秋戰國	秦	漢	韓國	中國
–	–	–			窓	窗
–	–	–	–		匆/怱	匆
–	–	–			總	总

- 窓(창문 창, chuāng) : ‘穴(혈)’뜻과 ‘囪/悤’소리이 합쳐져, ‘집에 빛 또는 공기가 통하다’를 표현한 글자임. 漢代에 ‘囪’이 ‘厶’로 생략되어 현재의 모양을 만듦.[180]

– 窓門(창문) 窓口(창구) 同窓(동창) 學窓(학창)

- 怱(바쁘다 총, cōng) : ‘마음이 급하다’를 표현하고자 ‘囪’의 왼쪽 ‘ㄴ’ 부분을 생략해 ‘匆(怱)’으로 파생된 글자임.

– 悤悤/怱怱(총총) 悤忙/怱忙(총망)

- 總(합하다 총, zǒng) : ‘糸(멱/사)’뜻과 ‘悤’소리이 합쳐져 ‘실을 모아 하나로 합치다’를 표현한 글자임. 여기에서 ‘모두’, ‘항상’, ‘종합하다’, ‘우두머리’ 등 의미로 引伸됨.

– 總括(총괄) 總帥(총수) 總理(총리) 總計(총계)

---

180) 현재 ‘窗’, ‘窻’, ‘窓’은 혼용되고 있음.

156. 帚【빗자루 추, zhǒu】

商	西周	春秋戰國	秦	漢	韓國	中國
					帚	帚

'거꾸로 세워놓은 빗자루'를 표현한 글자임. 후에 '竹(죽)'[뜻]을 추가한 '箒(빗자루 추, zhǒu)'가 파생됨.

* 관련한자

商	西周	春秋戰國	秦	漢	韓國	中國
	–	–			掃	扫
					婦	妇
					歸	归
					侵	侵

- 掃(쓸다 소, sǎo) : '빗자루를 들고 특정 공간을 쓸고 있는 상황'을 표현한 글자임. 여기에서 '청소다', '제거하다' 등 의미로 引伸됨. 秦代에 '土'[뜻]와 '帚'[뜻]가 합쳐진 '埽'가 만들어졌으나, 漢代에 다시 '手(수)'[뜻]로 바뀌어서 현재의 모양을 만듦.

– 淸掃(청소)　一掃(일소)　掃蕩(소탕)

- 婦(며느리 부, fù) : '女(녀)'[뜻]와 '帚'[뜻]가 합쳐져 '집안 청소를 담당하는 여성'을 표현한 글자임. 여기에서 '결혼한 여성', '며느리', '아내', '어머니' 등 의미로 引伸됨.

– 夫婦(부부)　姑婦(고부)　子婦(자부)　姙産婦(임산부)

• 歸(돌아가다 귀, guī) : ‘𠂤(퇴)’와 ‘帚’[뜻]가 합쳐진 구조임.[181] 현재 ‘돌아가다’, ‘돌아오다’ 등 의미로 사용됨. 春秋戰國시대에 ‘辵(착)’[뜻]이 추가되었으나, 秦代에 ‘止(지)’로 생략되어 현재의 모양을 만듦.

– 歸家(귀가) 歸趨(귀추) 歸屬(귀속) 回歸(회귀)

• 侵(침범하다 침, qīn) : ‘빗자루로 소를 때리는 상황’을 표현한 글자로 추정됨. 여기에서 ‘공격하다’, ‘침범하다’ 등 의미로 引伸됨. 西周시대에 ‘牛(우)’가 ‘人(인)’으로 바뀌었고, 春秋戰國時代에 다시 ‘戈(과)’로 변형됨. 秦代에는 ‘人’[뜻], ‘帚’[뜻], ‘又’[뜻]가 합쳐진 ‘㑴(침)’을 사용하였으나, 漢代에 다시 ‘又’가 생략되어 현재의 모양을 만듦.

– 侵害(침해) 侵蝕(침식) 侵略(침략) 不可侵(불가침)

181) 本義는 불분명함.

157. 隹【새 추, zhuī】

商	西周	春秋戰國	秦	漢	韓國	中國
					隹	隹

‘隹’는 ‘鳥(조)’를 간략하게 표현해 파생된 글자임.

* 관련한자

商	西周	春秋戰國	秦	漢	韓國	中國
					雀	雀
–	–				焦	焦
–	–				雅	雅

• 雀(참새 작, què) : ‘小(소)’[뜻]와 ‘隹’[뜻]가 합쳐져 ‘작은 새’를 표현한 글자임. ‘小’는 점차 의미가 유사한 ‘少(소)’로 바뀌어 현재의 모양을 만듦.

– 孔雀(공작) 雀舌茶(작설차) 門前雀羅(문전작라)

• 焦(태우다 초, jiāo) : ‘火(화)’[뜻]와 ‘隹’[소리]가 합쳐져 ‘불로 태우다’를 표현한 글자로 추정됨. 여기에서 ‘애태우다’, ‘조급하다’ 등 의미로 引伸됨.

– 焦點(초점) 焦燥(초조) 焦眉(초미) 焦土化(초토화)

• 雅(바르다 아, yǎ) : ‘隹(추)’[뜻]와 ‘牙(아)’[소리]가 합쳐져 ‘까마귀’를 표현한 글자임. 후에 ‘바르다’, ‘(규범에)맞다’로 假借되었고, 여기에서 ‘우아하다’, ‘고상하다’ 등 의미로 引伸됨. 이후 혼란을 방지하고자 ‘隹’를 ‘鳥’로 바꾼 ‘鴉(까마귀 아, yā)’가 파생됨.

– 雅量(아량) 優雅(우아) 端雅(단아) 淸雅(청아)

158. 取【가지다 취, qǔ】

商	西周	春秋戰國	秦	漢	韓國	中國
					取	取

‘又(우)’와 ‘耳(이)’가 합쳐져 ‘손으로 적군의 귀를 가져가는 상황’을 표현한 글임. 여기에서 ‘가지다’, ‘받다’ 등 의미로 引伸됨.[182]

* 관련한자

商	西周	春秋戰國	秦	漢	韓國	中國
	–				娶	娶
–	–				聚	聚
–	–				趣	趣

- 娶(장가들다 취, qǔ) : ‘女(여)’[뜻]와 ‘取(취)’[뜻/소리]가 합쳐져 ‘여성을 취하다’를 표현한 글자임.

– 再娶(재취) 後娶(후취)

- 聚(모으다 취, jù) : ‘乑(음)’[뜻]과 ‘取(취)’[소리]가 합쳐져 ‘사람이 모이다’를 표현한 글자임.[183] 여기에서 ‘모으다’, ‘모이다’, ‘무리’ 등 의미로 引伸됨.

– 聚合(취합) 聚落(취락)

- 趣(뜻 취, qù) : ‘走(주)’[뜻]와 ‘取(취)’[소리]가 합쳐져 ‘빨리 달려가다’를 표현한 글자임. 여기에서 ‘뜻이 향하는 곳’, ‘마음이 향하는 곳’ 등 의미로 引伸됨.

– 趣向(취향) 情趣(정취) 趣旨(취지) 趣味(취미)

---

182) 고대 전쟁에서 적군을 사살한 후, 그 증거로 왼쪽 귀를 잘라가던 습속이 있었음.
183) ‘세 명의 사람’은 ‘많은 사람’을 뜻함.

159. 夬【터놓다 **쾌**/깍지 **결**, guài/jué】

商	西周	春秋戰國	秦	漢	韓國	中國
夬	–	夬	夬	夬	夬	夬

활시위를 당길 때, 손가락에 낀 '깍지'를 표현한 글자로 추정됨. 여기에서 '나누다', '가르다', '정하다' 등 의미로 引伸됨.

* 관련한자

商	西周	春秋戰國	秦	漢	韓國	中國
–	–	決	決	決	決	决
–	–	–	缺	缺	缺	缺
–	–	快	快	快	快	快

• 決(결정하다 결, jué) : '水(수)'[뜻]와 '夬'[뜻/소리]이 합쳐져 '물길을 트다'를 표현한 글자임. 여기에서 '터지다', '열리다', '결정하다' 등 의미로 引伸됨.

– 決斷(결단) 決裂(결렬) 未決(미결) 票決(표결)

• 缺(모자라다 결, quē) : '缶(부)'[뜻]와 '夬'[뜻/소리]이 합쳐져 '항아리가 갈라짐'을 표현한 글자임. 여기에서 '모자라다', '부족하다', '없다' 등 의미로 引伸됨.

– 缺陷(결함) 缺如(결여) 缺格(결격) 缺點(결점)

• 快(유쾌하다 쾌, kuài) : '心(심)'[뜻]과 '夬'[뜻/소리]이 합쳐져 '마음이 열리다'를 표현한 글자임. 여기에서 '즐겁다', '좋다', '시원하다', '빠르다' 등 의미로 引伸됨.

– 快擧(쾌거) 快適(쾌적) 快癒(쾌유) 欣快(흔쾌)

160. 兌【바꾸다 태, duì】

商	西周	春秋戰國	秦	漢	韓國	中國
兌	兌	兌	兌	兌	兌	兑

本義는 불분명하며, 주로 글자의 소리 요소로 사용되고 있음.[184] 唐宋시대부터 '바꾸다'라는 의미로 사용됨.

* 관련한자

商	西周	春秋戰國	秦	漢	韓國	中國
–	–	悅	–	悅	悅	悦
–	–	說	說	說	說	说
–	–	脫	脫	脫	脫	脱
–	–	–	稅	–	稅	税

• 說(말씀 설/달래다 세/기뻐하다 열, shuō/shuì/yuè) : '言(언)'[뜻]과 '兌'[소리]가 합쳐져 '말하다'를 표현한 글자임. 여기에서 '설명하다', '주장하다', '설득하다' 등 의미로 引伸되었고, '기뻐하다'는 假借된 것임.[185]

– 解說(해설) 逆說(역설) 遊說(유세) 學而時習之不亦說乎(학이시습지불역열호)

• 悅(기쁘다 열, yuè) : 초기에는 '說'을 假借하여 '기쁘다'로 사용하였으나, 후에 '心(심)'[뜻]을 추가한 '悅'이 파생됨.

– 喜悅(희열) 男女相悅之詞(남녀상열지사)

• 脫(벗다 탈, tuō) : '肉(육)'[뜻]과 '兌'[소리]가 합쳐져 '고기에서 뼈를 제거하다'를 표현한 글자임. 여기에서 '벗기다', '벗어나다', '빠지다', '떨어지다' 등 의미로 引伸됨.

– 脫退(탈퇴) 脫落(탈락) 逸脫(일탈) 離脫(이탈)

---

184) '사람(儿)의 입(口)에서 웃음이 퍼져나가는(八) 모습'이라는 견해가 있으나 학술적 근거가 부족함.

185) 의미 구별을 위해 '설득하다'는 '세(shuì)', '기뻐하다'는 '열(yuè)'로 구분하여 읽음.

• 稅(세금 세, shuì) : '禾(화)'와 '兌'[소리]가 합쳐져 '농사에 대한 세금'을 표현한 글자임. 여기에서 '온갖 세납'으로 引伸됨.

– 租稅(조세)　課稅(과세)　關稅(관세)　納稅(납세)

161. 自【쌓이다 퇴, duī】

商	西周	春秋戰國	秦	漢	韓國	中國
					𠂤	𠂤
–	–		–		堆	堆

'사람의 엉덩이'를 표현한 글자로 추정됨. 여기에서 '작은 언덕', '군대 주둔지', '군사', '관직', '모이다', '쌓이다' 등 의미로 引伸됨. 후에 '土(토)'[뜻]를 추가한 '垍(쌓다 퇴, duī)'가 파생되었으며, '𠂤'가 '隹'로 바뀌어 현재의 모양을 만듦.

* 관련한자

商	西周	春秋戰國	秦	漢	韓國	中國
–					師	师
					官	官
					追	追

- 師(스승 사, shī) : '𠂤'와 '帀(잡)'이 합쳐져 '군사', '군대'를 표현한 글자임.[186] 여기에서 '관직', '전문가', '선생' 등 의미로 引伸됨.

– 師弟(사제)　師範(사범)　教師(교사)　藥師(약사)

- 官(벼슬 관, guān) : '宀(면)'[뜻]과 '𠂤'[뜻]가 합쳐져 '건물 안에 사람들이 모이다'를 표현한 글자임. 여기에서 '공공기관', '집', '건물', '상점' 등 의미로 引伸됨. 후에 '食(밥 식)'[뜻]을 추가한 '館(집 관, guǎn)'이 파생됨.

– 官僚(관료)　官邸(관저)　公館(공관)　別館(별관)

- 追(쫓다 추, zhuī) : '辵(착)'[뜻]과 '𠂤'[소리]가 합쳐져 '적군의 뒤를 쫓다'를 표현한 글자임. 여기에서 '쫓다', '따르다' 등 의미로 引伸됨.

– 追憶(추억)　追從(추종)　追究(추구)　追窮(추궁)

---

186) 本義는 불분명함.

162. 貝【조개 **패**, bèi】

商	西周	春秋戰國	秦	漢	韓國	中國
					貝	貝

고대에 '화폐'로 사용했던 '조개껍질'을 표현한 글자임. 여기에서 '돈', '재물' 등 의미로 引伸됨.

* 관련한자

商	西周	春秋戰國	秦	漢	韓國	中國
					買	买
–	–	–			賣	卖
					賈	贾

- 買(사다 매, mǎi) : '网(망)'[뜻]과 '貝'[뜻]가 합쳐져 '재물 또는 이익을 취하다'를 표현한 글자임. 초기에는 '사다'와 '팔다' 두 가지 의미를 모두 포함했으나, '賣'가 파생되면서 의미가 구별됨.

– 買入(매입) 買收(매수) 購買(구매) 豫買(예매)

- 賣(팔다 매, mài) : '팔다'를 표현하기 위해 '買'에 '出(출)'[뜻]을 추가하여 파생된 글자임. '出'은 점차 '士(사)'로 변형되어 현재의 모양을 만듦.

– 賣出(매출) 販賣(판매) 競賣(경매) 買占賣惜(매점매석)

- 賈(장사 고/값 가, gǔ/jià) : '貝'[뜻]와 '宁(저)'[뜻][187]가 합쳐져 '장사의 수익을 보관하다'를 표현한 글자로 추정됨. 여기에서 '장사하다', '값어치', '가격' 등 의미로 引伸됨. '宁'는 점차 '襾(아)'로 변형되어 현재의 모양을 만듦. 후에 '人'을 추가한 '價(값 가, jià)'가 파생됨.

– 富賈(부고) 價値(가치) 時價(시가) 代價(대가)

---

187) '宁(저)'는 '貯(저)'의 초기 모양이며 '물건을 담는 용기'임.

163. 豐【풍성하다 풍, fēng】

商	西周	春秋戰國	秦	漢	韓國	中國
					豐	丰

‘壴(주)’[뜻]와 ‘丰(풍)’[소리]의 중복형이 합쳐져 ‘북소리의 웅장함’을 표현한 글자임. 여기에서 ‘풍성하다’, ‘무성하다’ 등 의미로 引伸됨. 漢代에 모양이 유사한 ‘豊(예)’와 혼용됨.

* 관련한자

商	西周	春秋戰國	秦	漢	韓國	中國
					豊/禮	豊/礼
–	–	–			艶	艳

- 禮(예법 례, lǐ) : ‘壴(주)’[뜻]와 ‘玉(옥)’[뜻]의 중복형이 합쳐져 ‘예를 행하다’를 표현한 글자임.[188] ‘壴’는 점차 ‘豆(두)’로 변형되었고, ‘두 개의 옥’은 ‘曲(곡)’으로 변형됨. ‘丰’과 ‘玉’은 그 모양이 유사하여 혼용되었고, 漢代에는 ‘豊(예)’를 ‘豐’의 생략형으로 사용했음. 이로 인해, ‘示(시)’[뜻]를 추가한 ‘禮’가 파생됨.

– 禮儀(예의) 禮遇(예우) 無禮(무례) 謝禮(사례)

- 艶(곱다 염, yàn) : ‘豐’[뜻]과 ‘盍(합)’[소리]이 합쳐져 ‘크고 아름답다’를 표현한 글자임. 漢代에 ‘豐’이 ‘豊’와 혼용되었고, 그 후 ‘盍(합)’이 ‘色(색)’으로 변형되어 현재의 모양을 만듦.

– 艶聞(염문) 妖艶(요염) 濃艶(농염)

---

188) ‘북’과 ‘옥’은 고대사회에서 각 종 예를 행할 때 꼭 필요한 물품임.

164. 皮【가죽 피, pí】

商	西周	春秋戰國	秦	漢	韓國	中國
[illegible]	[illegible]	[illegible]	[illegible]	[illegible]	皮	皮

'손(又)으로 짐승의 가죽을 벗기는 모습'을 표현한 글자임. 여기에서 '가죽', '껍질', '표면' 등 의미로 引伸됨. '[illegible]'는 짐승의 머리와 몸통 부분, 'コ'는 벗겨낸 가죽을 표현한 것임.

* 관련한자

商	西周	春秋戰國	秦	漢	韓國	中國
[illegible]	[illegible]	[illegible]	[illegible]	[illegible]	革	革
–	–	[illegible]	[illegible]	[illegible]	被	被
–	–	–	[illegible]	[illegible]	彼	彼
–	–	–	[illegible]	[illegible]	靴	靴

- 革(가죽 혁, gé) : '벗긴 가죽을 손질한 후 널어놓은 모습'을 표현한 글자임. 여기에서 '(손질을 끝낸)가죽', '손질하다', '새롭게 하다', '고치다' 등 의미로 引伸됨.

– 革新(혁신)　革命(혁명)　變革(변혁)　沿革(연혁)

- 被(이불 피, bèi) : '衣'뜻와 '皮'소리가 합쳐져 '이불'을 표현한 글자임. 여기에서 '입다', '덮다', '당하다' 등 의미로 引伸됨.

– 被害(피해)　被疑(피의)　被動(피동)　被告(피고)

- 彼(저것 피, bǐ) : '彳(척)'뜻과 '皮'소리가 합쳐진 글자임.[189] '지시대명사'와 '인칭대명사'로 사용되는 것은 假借된 것임.

– 彼此(피차)　彼岸(피안)　於此彼(어차피)[190]　此日彼日(차일피일)

- 靴(신발 화, xuē) : '革'뜻과 '華(화)'소리가 합쳐져 '가죽신'을 표현한 글자임. 漢代에 '華'가 '化(화)'로 바뀌어 현재의 모양을 만듦.

– 軍靴(군화)　長靴(장화)　手製靴(수제화)

---

189) 本義는 불분명함.
190) 於此於彼(어차어피)의 준말.

165. 學【배우다 학, xué】

商	西周	春秋戰國	秦	漢	韓國	中國
[illegible]	[illegible]	[illegible]	[illegible]	學	學	学

‘宀(면)’[뜻]과 ‘臼’[뜻], 그리고 ‘爻(효)’[소리]가 합쳐져 ‘집안에서 교육하다’를 표현한 글자임.[191] 후에 ‘子(자)’[뜻]를 추가하여 교육의 대상을 강조하였음.

* 관련한자

商	西周	春秋戰國	秦	漢	韓國	中國
[illegible]	[illegible]	[illegible]	[illegible]	敎教	敎	教
–	–	–	[illegible]	覺	覺	觉
–	–	–	[illegible]	–	攪	搅

- 敎(가르치다 교, jiào) : ‘攴(복)’[뜻]과 ‘子’[뜻], 그리고 ‘爻(효)’[소리]가 합쳐져 ‘회초리로 때리며 가르치다’를 표현한 글자임. 漢代에 ‘爻’와 ‘子’가 합쳐지면서 ‘𡥈’와 ‘孝’ 두 가지 모양이 만들어짐.

– 敎授(교수) 敎訓(교훈) 敎唆(교사) 宗敎(종교)

- 覺(깨닫다 각, jué/jiào) : ‘見(견)’[뜻]과 ‘學’[소리]의 생략형이 합쳐져 ‘잠에서 깨다’를 표현한 글자임. 여기에서 ‘깨닫다’, ‘드러나다’, ‘터득하다’ 등 의미로 引伸됨.

– 覺醒(각성) 錯覺(착각) 感覺(감각) 幻覺(환각)

- 攪(어지럽히다 교, jiǎo) : ‘手(수)’[뜻]와 ‘覺’[소리]이 합쳐져 ‘손으로 이리저리 휘젓다’를 표현한 글자임. 여기에서 ‘흔들다’, ‘어지럽다’, ‘반죽하다’ 등 의미로 引伸됨.

– 攪亂(교란) 攪拌(교반)

---

191) 本義는 불분명함.

166. 英【태우다 한, hàn】

商	西周	春秋戰國	秦	漢	韓國	中國
[illegible]	[illegible]	–	–	–	英	英

'두 손이 결박된 죄인을 화형(火刑)하는 상황'을 표현한 글자로 추정됨.[192] 고문자에서 '堇(근)'과 혼용됨.

* 관련한자

商	西周	春秋戰國	秦	漢	韓國	中國
–	[illegible]	[illegible]	[illegible]	[illegible]	難	难
[illegible]	[illegible]	[illegible]	[illegible]	[illegible]	艱	艰
–	–	–	[illegible]	[illegible]	嘆	叹
–	–	[illegible]	[illegible]	[illegible]	漢	汉

- 難(어렵다 난, nán/nàn) : '隹(추)'[뜻]와 '英'[소리]이 합쳐져 '새의 한 종류'를 표현한 글자임. '어렵다', '괴롭다', '힘들다' 등 의미는 假借된 것임.

– 難題(난제) 非難(비난) 詰難(힐난)

- 艱(어렵다 간, jiān) : '壴(주)'[뜻]와 '英'[뜻/소리]이 합쳐져 '어려움', '고통'을 표현한 글자로 추정됨. 漢代에 '英'[뜻]과 '艮(간)'[소리]으로 바뀌어 현재의 모양을 만듦.

– 艱辛(간신) 艱難辛苦(간난신고)

- 嘆(탄식하다 탄, tàn) : '口(구)'[뜻]와 '英'[소리]이 합쳐져 '한숨 쉬다'를 표현한 글자임. 여기에서 '감탄하다', '탄식하다' 등 긍정과 부정 두 가지 의미로 引伸됨. 현재 '歎(탄)'과는 의미 구별 없이 통용됨.

– 嘆聲(탄성) 恨嘆(한탄) 痛嘆(통탄) 慨嘆(개탄)

- 漢(한나라 한, hàn) : '水(수)'[뜻]와 '英'[소리]이 합쳐져 '漢水(한수)'를 지칭함.[193] 후에 秦을 멸망시킨 劉邦(유방)이 국명을 '漢'으로 하였고, 더 나아가 '한족'을 지칭함.

---

192) '노예 또는 죄인을 제물로 삼아 기우제를 지내는 상황'으로 보는 견해도 있음.
193) 섬서성 남부에서 발원해 동남쪽으로 흘러 호북성에서 장강(長江)으로 흘러 들어감.

167. 合【합하다 **합**, hé】

商	西周	春秋戰國	秦	漢	韓國	中國
					合	合

‘뚜껑이 덮인 그릇’을 표현한 글자로 추정됨.194) 여기에서 ‘밀폐하다’, ‘모으다’, ‘합하다’, ‘만나다’ 등 의미로 引伸됨.

* 관련한자

商	西周	春秋戰國	秦	漢	韓國	中國
–	–	–	–	–	盒	盒
–	–				答	答
					會	会
					倉	仓

- 盒(그릇 합, hé) : ‘皿(명)’뜻과 ‘合’뜻/소리이 합쳐져 ‘음식을 담는 용기’를 표현한 글자임.
  - 饌盒(찬합) 飯盒(반합)
- 答(대답 답, dá) : 戰國時代까지 ‘合’을 ‘대답하다’로 사용하였음. 秦代에 ‘荅(콩 답)’을 假借하여 사용했으나, 漢代에 모양이 유사한 ‘答’과 혼용됨. 현재는 ‘答’을 사용함.195)
  - 答辯(답변) 答禮(답례) 應答(응답) 解答(해답)
- 會(모이다 회, huì/kuài) : ‘곡물이 담긴 용기’뜻와 ‘合’뜻/소리이 합쳐져 ‘모이다’를 표현한 글자임. 여기에서 ‘만나다’, ‘이해하다’, ‘합산하다’ 등 의미로 引伸됨. ‘곡물이 담긴 용기’는 다양한 변형을 거쳐 현재의 모양을 만듦.
  - 會談(회담) 會議(회의) 會計(회계) 國會(국회)

194) 상하 두 개의 입을 통해 ‘묻고 답하는 상황’이라는 견해도 있음.
195) ‘答’의 本義는 불분명함.

• 倉(창고 창, cāng) : ‘合’[뜻]과 ‘戶(호)’[뜻]가 합쳐져 ‘곡물이 저장된 공간’을 표현한 글자임.

– 倉庫(창고)　穀倉(곡창)

168. 害【해롭다 **해**, hài】

商	西周	春秋戰國	秦	漢	韓國	中國
	–			–	䛒	䛒
					害	害

‘䛒(할)’은 ‘丰(괴)’[뜻]와 ‘虫(훼/충)’[뜻]이 합쳐져 ‘뱀에게 물리다’를 표현한 글자임. ‘虫’은 의미가 유사한 ‘禹(우)’로 변형되었고, 아래에 ‘丰’[뜻]가 다시 추가되어 ‘䛒’이 만들어짐. ‘害’의 本義는 불분명하며, 줄곧 ‘해치다’로 假借됨. 秦代 이후 ‘䛒’은 폐지되고 ‘害’만 사용하고 있음.

* 관련한자

商	西周	春秋戰國	秦	漢	韓國	中國
–					割	割
–	–			–	轄	辖
–	–	–		–	豁	豁
–					憲	宪

- 割(자르다 할, gē) : ‘刀(도)’[뜻]와 ‘害’[소리]가 합쳐져 ‘칼로 자르다’를 표현한 글자임. 여기에서 ‘나누다’, ‘쪼개다’, ‘비율’ 등 의미로 引伸됨.

– 割愛(할애) 割引(할인) 役割(역할) 分割(분할)

- 轄(다스리다 할, xiá) : ‘車(거/차)’[뜻]와 ‘害’[소리]가 합쳐져 ‘수레바퀴의 속도를 조정하는 부속품’을 표현한 글자임. 여기에서 ‘관리하다’, ‘다스리다’ 등 의미로 引伸됨.

– 直轄(직할) 管轄(관할)

• 豁(뚫린 골자기 활, huò) : '谷(곡)'[뜻]과 '害'[소리]가 합쳐져 '막힘이 없는 뚫린 골자기'를 표현한 글자임. 여기에서 '뚫리다', '넓다', '소통하다' 등 의미로 引伸됨. 漢代 이후 좌우구조가 바뀌면서 현재의 모양을 만듦.

– 豁達(활달) 豁然(활연) 空豁(공활)

• 憲(법 헌, xiàn) : '目(목)'[뜻]과 '害'[소리]의 생략형이 합쳐져 '눈이 밝다'를 표현한 글자임. 여기에서 '감시하다', '규정', '법' 등 의미로 引伸됨. 春秋戰國시대에 '心(심)'이 추가되어 현재의 모양을 만듦.

– 憲法(헌법) 憲政(헌정) 改憲(개헌) 違憲(위헌)

169. 行【거리 **행**/항렬 **항**, xíng/háng】

商	西周	春秋戰國	秦	漢	韓國	中國
行	行	行	行	行	行	行

‘한 지점에서 네 방향으로 갈라져 나간 사거리’를 표현한 글자임. 여기에서 ‘길’, ‘가다’, ‘행하다’, ‘순서’, ‘질서’, ‘서열’ 등 의미로 引伸됨. ‘사거리’의 반쪽만 본뜬 것이 ‘彳(거리 척, chì)’임.

* 관련한자

商	西周	春秋戰國	秦	漢	韓國	中國
街	–	–	街	街	街	街
–	–	–	術	術	術	术
–	–	–	衝	衝	衝	冲

- 街(거리 가, jiē) : ‘行’[뜻]과 ‘圭(규)’[소리]가 합쳐져 ‘사람이나 수레가 많이 다니는 넓은 길’을 표현한 글자임. 여기에서 길을 중심으로 편제된 ‘행정구역’으로 引伸됨.

– 街頭(가두) 市街(시가) 商街(상가) 街路樹(가로수)

- 術(재주 술, shù) : ‘行’[뜻]과 ‘朮(출)’[소리]이 합쳐져 ‘도로’를 표현한 글자임. 여기에서 ‘방법’, ‘수단’, ‘재주’, ‘학문’ 등 의미로 引伸됨.

– 技術(기술) 手術(수술) 施術(시술) 學術(학술)

- 衝(부딪치다 충, chōng) : ‘行’[뜻]과 ‘童(동)’[소리]이 합쳐져 ‘통로’를 표현한 글자임. 여기에서 ‘교차로’, ‘길목’, ‘향하다’, ‘부딪치다’ 등 의미로 引伸됨. 중국에서는 ‘冲(충)’을 假借하여 사용함. 漢代 이후 ‘童’이 ‘重(중)’으로 바뀌어 현재의 모양을 만듦.

– 衝擊(충격) 緩衝(완충) 相衝(상충) 要衝(요충)

170. 幸【행복 **행**/형벌 **엽**, xìng/niè】

商	西周	春秋戰國	秦	漢	韓國	中國
[illegible]	[illegible]	[illegible]	[illegible]	[illegible]	幸	幸
–	–	[illegible]	[illegible]	[illegible]	幸	幸

'幸'은 '죄인의 양쪽 손목에 채우는 수갑(手匣)'을 표현한 글자임. 수갑의 모양은 점차 '㚔'으로, 그리고 다시 '幸'으로 변형됨. '행복하다'를 표현한 글자는 春秋戰國 시대에 '거꾸로 그린 矢(시)'와 '犬(견)'이 합쳐진 구조로 처음 등장하였음.[196] 그 후 '㚏'과 '㚔' 등으로 변형되다가 '幸'과 통합됨. 이로 인해 '幸'에는 '형벌'과 '행복' 상반된 의미가 모두 있음.

* 관련한자

商	西周	春秋戰國	秦	漢	韓國	中國
[illegible]	[illegible]	[illegible]	[illegible]	[illegible]	執	执
–	[illegible]	[illegible]	[illegible]	[illegible]	達	达

- 執(잡다 집, zhí) : '幸'뜻과 '丮(극)'뜻이 합쳐져 '수갑을 채운 죄인의 모습'을 표현한 글자임. 여기에서 '잡다', '처리하다', '가지다' 등 의미로 引伸됨. '수갑'은 점차 '幸'으로, '丮(극)'은 '丸(환)'으로 변형되어 현재의 모양을 만듦.

– 執着(집착) 執權(집권) 我執(아집) 偏執症(편집증)

- 達(통하다 달, dá) : '辵(착)'뜻과 '㚔(달)'소리이 합쳐져 '막힘이 없이 트이다'를 표현한 글자임. 여기에서 '통달하다', '전달하다', '도달하다' 등 의미로 引伸됨.

– 達人(달인) 達辯(달변) 傳達(전달) 未達(미달)

196) 本義는 불분명함.

171. 享【누리다 향, xiǎng】

商	西周	春秋戰國	秦	漢	韓國	中國
					享	享

'제사를 지내는 건물'을 표현한 글자임. 여기에서 '제사 지내다', '드리다', '누리다' 등 의미로 引伸됨. 春秋戰國시대부터 제단(祭壇)의 모양(㆓)이 점차 '子'로 변형되어 현재의 모양을 만듦.197)

* 관련한자

商	西周	春秋戰國	秦	漢	韓國	中國
–	–				敦	敦
					孰	孰
				–	𩫏	𩫏
–	–				郭	郭

• 敦(돈독하다 돈, dūn) : '攴(복)'뜻과 '享'소리이 합쳐져 '공격하다'를 표현한 글자임.198) '관계가 친밀하다', '힘쓰다', '노력하다' 등 의미는 假借된 것임.

– 敦篤(돈독) 敦厚(돈후) 敦實(돈실)

• 孰(누구 숙, shú) : '두 손으로 공손하게 제물을 바치는 모습'을 표현한 글자임. 후에 '丮(극)'이 '丸(환)'으로 변형되어 현재의 모양을 만듦. 本義는 '잘 익은 제물'이며, 여기에서 '익다', '여물다', '능통하다' 등 의미로 引伸되자, '火(화)'를 추가한 '熟(익다 숙, shú/shóu)'이 파생됨. '누구', '무엇' 등 의미는 假借된 것임.

– 孰是孰非(숙시숙비) 未知孰是(미지숙시) 熟練(숙련) 熟成(숙성) 未熟(미숙)

• 郭(성씨 곽, guō) : '𩫏(곽)'은 '망루가 설치된 성곽'을 표현한 글자임. 여기에서 '외곽', '윤곽', '둘레' 등 의미로 引伸되자, '广(엄)'을 추가한 '廓(둘레 곽, kuò)'이 파생됨. 또한 '邑(읍)'을 추가한 '郭'이 파생되어 지명과 성씨에 사용되고 있음.

– 城郭/城廓(성곽) 輪廓(윤곽) 外廓(외곽)

---

197) '亯'에서 '享'으로 변형됨.

198) '𦏧'에서 '享'으로 변형됨.

172. 頁【머리 **혈**/책 면 **엽**, xié/yè】

商	西周	春秋戰國	秦	漢	韓國	中國
					頁	页

'首(수)'에 꿇어앉은 사람을 추가해 파생된 글자임. 시간이 지나면서 '首'는 '百'로, 꿇어앉은 사람은 '八'로 변형되어 현재의 모양을 만듦.

* 관련한자

商	西周	春秋戰國	秦	漢	韓國	中國
					須	须
–	–				頭	头
–	–				頸	颈
–					顏	颜
–	–	–			額	额
–	–	–			頂	顶

• 須(수염 수/반드시 수, xū) : '頁'[뜻]과 '彡(삼)'[뜻]이 합쳐져 '얼굴부위에 자란 수염'을 표현한 글자임. 西周시대에 '사람과 입'이 '頁'로 바뀌어 현재의 모양을 만듦. '틀림없다', '반드시' 등으로 假借되자, '髟(늘어질 표, biāo)'[뜻]를 추가한 '鬚(수염 수)'가 파생됨.

– 必須(필수) 鬚髥(수염)

• 頭(머리 두, tóu) : '頁'[뜻]과 '豆(두)'[소리]가 합쳐진 글자임. '首', '頁'과 동일한 뜻이며, 다양한 언어 현상을 반영하고자 파생된 글자로 추정됨.

– 念頭(염두) 沒頭(몰두) 頭緒(두서)

• 頸(목 경, jǐng) : '頁'[뜻]과 '巠(경)'[뜻/소리]이 합쳐져 '(신체부위)목'을 표현한 글자임.

– 頸椎(경추) 頸動脈(경동맥) 刎頸之交(문경지교)

• 顔(얼굴 안, yán) : '面(면)'[뜻]과 '彦(언)'[소리]이 합쳐져 '(신체부위)이마'를 표현한 글자임. 여기에서 '얼굴', '표정', '체면', '낯빛', '색깔' 등 의미로 引伸됨. 春秋戰國시대에 '面'이 의미가 유사한 '頁'로 바뀌어 현재의 모양을 만듦.

– 洗顔(세안) 顔面(안면) 顔色(안색) 破顔(파안)

• 額(이마 액, é) : '頁'[뜻]과 '各(각)'[소리]이 합쳐져 '(신체부위)이마'를 표현한 글자임. 여기에서 '표면', '현판' 등 의미로 引伸되었고 '수량', '금액' 등 의미는 假借된 것임. 漢代 이후 '各'이 '客(객)'으로 바뀌어 현재의 모양을 만듦.

– 額子(액자) 額面(액면) 巨額(거액) 總額(총액)

• 頂(정수리 정, dǐng) : '頁'[뜻]과 '丁(정)'[소리]이 합쳐져 '(신체부위)정수리'를 표현한 글자임. 여기에서 '꼭대기', '매우', '머리에 이다', '버티다' 등 의미로 引伸됨.

– 頂點(정점) 頂上會談(정상회담) 登頂(등정) 絶頂(절정)

173. 夾【끼다 **협**, jiā】

商	西周	春秋戰國	秦	漢	韓國	中國
					夾	夹
–	–	–			㚒	㚒

'夾'은 '좌우 두 사람(人)이 가운데 사람(大)을 부축하는 모습'을 표현한 글자임. 후에 '끼다', '좁다' 등 의미로 引伸되면서 '挾(협)'과 '陜(합)'이 파생됨. '㚒'(숨기다 섬, shǎn)은 '겨드랑이 아래에 뭔가 감추고 있음'을 표현한 글자임. 두 글자는 모양이 유사하여 혼용되고 있음.

* 관련한자

商	西周	春秋戰國	秦	漢	韓國	中國
–	–	–			挾	挟
–	–	–			俠	侠
–	–	–		–	陝	陕
–	–	–			陜	陜

- 挾(끼다 협, xié) : '手(수)'[뜻]와 '夾'[뜻/소리]이 합쳐져 '끼다'를 표현한 글자임. 여기에서 '위협하다', '원한을 품다' 등 의미로 引伸됨.

– 挾攻(협공) 挾雜(협잡)

- 俠(의협 협, xiá) : '人(인)'[뜻]과 '夾'[소리]이 합쳐져 '호방하고 의협심이 있는 사람'을 표현한 글자임.

– 俠客(협객) 武俠(무협) 義俠心(의협심)

• 陜(좁다 합, xiá) : '阜(부)'뜻와 '夾'소리이 합쳐져 '좁은 공간'을 표현한 글자임. 후에 '山(산)'뜻이 추가된 '峽(골짜기 협, xiá)'이 파생되어 '산과 산 사이의 좁은 공간' 또는 '육지와 육지 사이의 공간'을 표현하였고, '狹(협/xiá)'을 假借하여 '좁은 공간'으로 사용하고 있음.[199)]

– 陜川(합천) 峽谷(협곡) 海峽(해협) 偏狹(편협) 狹小(협소)

• 陝(땅이름 섬, shǎn) : '阜(부)'와 '夾'이 합쳐져 '땅이름'을 표현한 글자임.

– 陝西省(섬서성)

199) '陝(섬)'과 모양이 유사하여 쉽게 혼동되자, 뜻을 구별하기 위해 '峽(협)'과 '狹(협)'이 파생됨.

174. 戶【한 짝 문 **호**, hù】

商	西周	春秋戰國	秦	漢	韓國	中國
					戶	戶

‘門(문)의 반쪽’을 취하여 ‘외짝 문’을 표현한 글자임. 여기에서 ‘작은 출입문’, ‘집’, ‘입구’, ‘가족구성원’ 등 의미로 引伸됨.

* 관련한자

商	西周	春秋戰國	秦	漢	韓國	中國
					啓	启
-	-				房	房
-	-				所	所
	-				肩	肩

• 啓(일깨워주다 계, wèi) : ‘又(우)’[뜻]와 ‘戶’[뜻]가 합쳐져 ‘한 손으로 문을 여는 상황’을 표현한 글자임. 여기에서 ‘문을 열다’, ‘일깨워주다’, ‘알리다’, ‘안내하다’, ‘윗사람에게 보고하다’ 등 의미로 引伸됨. ‘口’[부호]는 균형을 맞추기 위해 추가된 의미 없는 부호이고, ‘又’는 점차 ‘攵(복)’으로 바뀌어 현재의 모양을 만듦.

– 啓蒙(계몽) 啓導(계도) 啓示(계시) 啓發(계발)

• 房(곁방 방, fáng) : ‘戶’[뜻]와 ‘方(방)’[소리]이 합쳐져 ‘정실(正室) 옆의 작은 방’을 표현한 글자임. 여기에서 ‘방’, ‘거실’, ‘집’ 등 의미로 引伸됨.

– 暖房/煖房(난방) 廚房(주방) 藥房(약방) 貰房(셋방)

• 所(바 소, suǒ) : ‘斤(근)’[뜻]과 ‘戶’[소리]가 합쳐져 ‘도끼로 나무를 베는 소리’를 표현한 글자임. ‘장소’, ‘방법’, ‘~것’ 등 의미는 假借된 것임.

– 所得(소득) 所屬(소속) 所謂(소위) 場所(장소)

• 肩(어깨 견, jiān) : 원래 ‘소의 어깨 뼈’를 표현한 글자임. 모양이 점차 ‘戶’로 변형되었고, ‘肉(육)’[뜻]이 추가되어 현재의 모양을 만듦.

– 肩胛骨(견갑골) 肩章(견장) 比肩(비견) 竝肩(병견)

175. 虎【호랑이 **호**, hǔ】

商	西周	春秋戰國	秦	漢	韓國	中國
[illegible]	[illegible]	[illegible]	[illegible]	[illegible]	虎	虎

큰 입, 날카로운 이빨과 발톱 그리고 몸의 무늬를 강조하여 '호랑이'를 표현한 글자임. 몸통과 다리는 점차 생략되어 '儿'으로 변형되었고, 다른 글자와 함께 사용될 때 '虍'로 생략됨.

* 관련한자

商	西周	春秋戰國	秦	漢	韓國	中國
[illegible]	[illegible]	[illegible]	[illegible]	[illegible]	虐	虐
–	[illegible]	[illegible]	[illegible]	[illegible]	處	处
–	–	[illegible]	[illegible]	[illegible]	虛	虚
–	–	[illegible]	[illegible]	[illegible]	慮	虑

- 虐(모질다 학, nüè) : '虎'[뜻]와 '人(인)'[뜻]이 합쳐져 '호랑이가 사람을 해치는 상황'을 표현한 글자임. 여기에서 '해치다', '사납다', '잔인하다' 등 의미로 引伸됨. 漢代에 호랑이 발톱과 사람이 합쳐져 현재의 모양을 만듦.

– 虐待(학대) 虐殺(학살) 自虐(자학) 凶虐(흉학)

- 處(곳 처, chǔ/chù) : '사람이 의자(几)에 앉아 쉬고 있는 모습'에 '虍'[소리]가 추가된 글자임. '人'이 점차 '夂(치)'로 생략되어 현재의 모양을 만듦.200) 本義는 '잠시 쉬다'이며, 여기에서 '거주하다', '적합한 장소에 두다', '처리하다', '장소', '시기' 등 의미로 引伸됨.

– 處罰(처벌) 措處(조처) 對處(대처) 部處(부처)

200) 戰國시대 이후 생략형 '凥'와 '処'가 만들어짐.

• 虛(비다 허, xū) : '丘(구)'[뜻]와 '虍'[소리]가 합쳐져 '큰 언덕'을 표현한 글자임. 여기에서 '아무것도 없다', '비다', '공허하다', '헛되다' 등 의미로 引伸됨. 후에 '빈 공간'을 강조하고자 '土(토)'[뜻]를 추가한 '墟(터 허, xū)'가 파생됨.

– 虛僞(허위)　虛構(허구)　虛勢(허세)　謙虛(겸허)　廢墟(폐허)

• 慮(생각하다 려, lǜ) : '心(심)'[뜻]과 '盧(노)'[소리]의 생략형이 합쳐져 '이리저리 헤아려 보다'를 표현한 글자임. 春秋戰國시대에 '盧'와 '虍'가 혼용되면서, 秦代에 '思(사)'[뜻]와 '虍'[소리] 구조로 변형됨.

– 考慮(고려)　配慮(배려)　憂慮(우려)　思慮(사려)

176. 火【불 **화**, huǒ】

商	西周	春秋戰國	秦	漢	韓國	中國
					火	火

‘불꽃’을 표현한 글자임. 여기에서 ‘빛’, ‘열’, ‘긴급’ 등 의미로 引伸됨. 다른 글자와 함께 사용될 때, 모양이 ‘灬’로 변형되기도 함.

* 관련한자

商	西周	春秋戰國	秦	漢	韓國	中國
–	–				灰	灰
	–				災	灾
–	–	–			炙	炙

• 灰(재 회, huī) : ‘又(우)’뜻와 ‘火’뜻가 합쳐져 ‘불타고 남은 찌꺼기를 들고 있는 모습’을 표현한 글자로 추정됨. 여기에서 ‘재’, ‘잿빛’, ‘실망하다’ 등 의미로 引伸됨.

– 灰色(회색) 石灰(석회)

• 災(재앙 재, zāi) : 商代에 ‘재앙’을 표현하는 글자들은 크게 3종류로 분류할 수 있음. 홍수로 인한 水災를 표현한 ‘(巛)’, 집안의 火災를 표현한 ‘(灾)’, 전쟁으로 인한 戰災를 표현한 ‘(烖)’가 있음.[201] 西周시대부터 秦代까지 다양한 異體字가 사용되다가, 漢代 이후 水災와 火災가 합쳐진 ‘災’가 만들어져 현재까지 사용되고 있음.

– 災殃(재앙) 災難(재난) 人災(인재) 産災(산재)

• 炙(구울 자/구울 적, zhì) : ‘肉(육)’뜻과 ‘火(화)’뜻가 합쳐져 ‘고기를 굽다’를 표현한 글자임. 여기에서 ‘즐기다’, ‘가까이하다’ 등 의미로 引伸됨.

– 膾炙(회자) 散炙(산적)

---

201) ‘火’는 모든 재난을 뜻하고, ‘才(재)’, ‘𢦏(재)’는 소리 요소임.

177. 奐【빛나다 환, huàn】

商	西周	春秋戰國	秦	漢	韓國	中國
–	 [illegible]	 [illegible]	 [illegible]	 [illegible]	奐	奂

‘동굴(穴)위에 서 있는 사람’과 ‘두 손’이 합쳐진 글자로 추정됨.202)

* 관련한자

商	西周	春秋戰國	秦	漢	韓國	中國
–	–	–	 [illegible]	–	喚	唤
–	–	–	 [illegible]	 [illegible]	換	换
–	–	–	 [illegible]	 [illegible]	煥	焕

• 喚(부르다 환, huàn) : ‘口(구)’뜻와 ‘奐’소리이 합쳐져 ‘사람을 부르다’를 표현한 글자임. 여기에서 ‘부르짖다’, ‘외치다’, ‘울다’ 등 의미로 引伸됨.

– 喚起(환기) 使喚(사환) 召喚(소환) 阿鼻叫喚(아비규환)

• 換(바꾸다 환, huàn) : ‘手(수)’뜻와 ‘奐’소리이 합쳐져 ‘서로 바꾸다’를 표현한 글자임. 여기에서 ‘고치다’, ‘고쳐지다’, ‘새롭다’ 등 의미로 引伸됨.

– 換率(환율) 換算(환산) 轉換(전환) 換差損(환차손)

• 煥(불꽃 환, huàn) : ‘火(화)’뜻와 ‘奐’소리이 합쳐져 ‘불꽃’을 표현한 글자임. 여기에서 ‘밝다’, ‘빛나다’, ‘아름답다’ 등 의미로 引伸됨. 한국에서는 주로 인명(人名)에 사용됨.

---

202) 本義는 불분명함.

178. **虫**【뱀 **훼**/벌레 **충**, huǐ/chóng】

商	西周	春秋戰國	秦	漢	韓國	中國
					它	它
					虫	虫

‘它(타)’는 머리와 긴 몸통을 강조한 ‘뱀’을 표현한 글자임. 대명사 ‘그것’으로 假借되자, ‘虫(충/훼)’[뜻]을 추가한 ‘蛇(사)’가 파생됨. ‘虫’은 ‘뱀’을 간략하게 표현한 글자이며, ‘它’와 동일한 의미임.

* 관련한자

商	西周	春秋戰國	秦	漢	韓國	中國
–	–				蟲	虫
–	–	–			蛇	蛇
–	–				雖	虽
–	–				強/强	强

- 蟲(벌레 충, chóng) : 세 개의 ‘虫’[뜻]이 합쳐져 ‘벌레의 총칭’을 뜻함. 다른 글자와 함께 사용될 때, ‘虫’으로 생략됨.

– 蟲齒(충치) 昆蟲(곤충) 害蟲(해충) 寄生蟲(기생충)

- 蛇(뱀 사, shé) : ‘虫’[뜻]과 ‘它’[뜻/소리]가 합쳐져 ‘뱀’을 표현한 글자임.

– 毒蛇(독사) 龍頭蛇尾(용두사미)

- 雖(비록 수, suī) : ‘虫’[뜻]과 ‘唯’[소리]가 합쳐져 ‘벌레의 한 종류’를 표현한 글자임. ‘비록’, ‘아무리 ~하여도’ 등 의미는 假借된 것임.

– 雖然(수연)

- 强(강하다 강, qiáng) : ‘虫’[뜻]에 ‘弘/弘(홍)’[소리]이 합쳐져 ‘벌레의 한 종류’를 표현한 글자임.[203] ‘굳세다’, ‘힘쓰다’ 등 의미는 假借된 것임.

– 强調(강조) 强制(강제) 强硬(강경) 最强(최강)

---

203) 이로 인해 ‘强’과 ‘強’ 두 가지 모양이 만들어짐.

179. 凶【흉하다 **흉**, xiōng】

商	西周	春秋戰國	秦	漢	韓國	中國
–	–				凶	凶

本義는 불분명함. 현재 '운수가 나쁘다', '사악하다', '흉하다' 등 의미로 사용됨.

* 관련한자

商	西周	春秋戰國	秦	漢	韓國	中國
–	–				兇	凶
–	–				匈	匈
–	–				胸	胸

- 兇(흉악하다 흉, xiōng) : '儿(인)'[뜻]과 '凶'[뜻/소리]이 합쳐져 '흉악한 사람'을 표한한 글자임.[204]

– 凶器(흉기) 凶物(흉물) 吉凶(길흉) 凶惡(흉악) 元兇(원흉)

- 匈(이민족 흉, xiōng) : '勹(포)'[뜻]와 '凶'[소리]이 합쳐져 '(신체)가슴'을 표현한 글자임. 후에 '이민족'으로 假借되자, '肉(육)'[뜻]을 추가한 '胸'이 파생됨.

– 匈奴(흉노) 匈牙利(흉아리)

- 胸(가슴 흉, xiōng) : '肉'[뜻]과 '匈'[뜻/소리]이 합쳐져 '(신체)가슴'을 표현한 글자임. 여기에서 '마음', '의지' 등 의미로 引伸됨.

– 胸部(흉부) 胸像(흉상) 胸襟(흉금)

204) '凶'과 '兇'은 혼용됨.

180. 欠【입 벌리다 **흠**, qiàn】

商	西周	春秋戰國	秦	漢	韓國	中國
					欠	欠

‘무릎을 꿇고 앉아 입을 벌리고 있는 사람’을 표현한 글자임. ‘부족하다’, ‘상한 자국’ 등 의미는 假借된 것임.

* 관련한자

商	西周	春秋戰國	秦	漢	韓國	中國
					次	次
		–			吹	吹
–					歌	歌
–	–				欺	欺

- 次(버금 차, cì) : ‘欠’에 ‘=’을 추가하여 ‘입안의 침’을 표현한 글자로 추정됨.[205] 후에 ‘차례’, ‘순서’, ‘둘째’ 등 의미로 假借되자, ‘=’이 ‘水’[뜻]로 바뀐 ‘次(침 연)’이 파생됨.[206]

– 次期(차기) 次善(차선) 漸次(점차) 屢次(누차)

- 吹(불다 취, chuī) : ‘口(구)’[뜻]와 ‘欠’[뜻/소리]가 합쳐져 ‘입을 벌려 입김을 불다’를 표현한 글자임. 여기에서 ‘악기를 불다’, ‘허풍떨다’, ‘부추기다’ 등 의미로 引伸됨.

– 吹奏(취주) 鼓吹(고취)

---

205) 本義는 불분명함.
206) ‘次’은 다시 ‘水’[뜻]과 ‘延(연)’[소리]이 합쳐진 ‘涎(침 연)’으로 바뀜.

• 歌(노래 가, gē) : '欠'[뜻]와 '哥(가)'[소리]가 합쳐져 '입을 벌려 노래 부르다'를 표현한 글자임. 여기에서 '노래 가사', '음악', '악기' 등 의미로 引伸됨. 春秋戰國시대에 '言(언)'[뜻] 또는 '音(음)'[뜻]을 사용하기 하였고, '可(가)'[소리]는 秦代에 '哥'로 변형되어 현재의 모양을 만듦.

– 歌謠(가요) 祝歌(축가) 戀歌(연가) 凱歌(개가)

• 欺(속이다 기, qī) : '欠'[뜻]와 '其(기)'[소리]가 합쳐져 '말로서 남을 속이다'를 표현한 글자임.[207]

– 欺瞞(기만) 詐欺(사기)

207) 고문자에서 '欠'과 '言'은 의미가 유사하여 통용됨.

■ 참고문헌 (가나다순)

季旭昇, ≪說文新證≫, (臺北)藝文印書館, 2014.
董蓮池, ≪新金文編≫, (北京)作家出版社, 2011.
滕壬生, ≪楚系簡帛文字編(增訂本)≫, (武漢)湖北教育出版社, 2008.
羅福頤, ≪古璽彙編≫, (北京)文物出版社，1994.
羅福頤, ≪古璽文編≫, (北京)文物出版社，1994.
馬承源 主編, ≪上海博物館藏戰國楚竹書(一)≫, (上海)上海古籍出版社, 2001.
馬承源 主編, ≪上海博物館藏戰國楚竹書(二)≫, (上海)上海古籍出版社, 2002.
馬承源 主編, ≪上海博物館藏戰國楚竹書(三)≫, (上海)上海古籍出版社, 2003.
馬承源 主編, ≪上海博物館藏戰國楚竹書(四)≫, (上海)上海古籍出版社, 2004.
馬承源 主編, ≪上海博物館藏戰國楚竹書(五)≫, (上海)上海古籍出版社, 2005.
馬承源 主編, ≪上海博物館藏戰國楚竹書(六)≫, (上海)上海古籍出版社, 2007.
馬承源 主編, ≪上海博物館藏戰國楚竹書(七)≫, (上海)上海古籍出版社, 2008.
馬承源 主編, ≪上海博物館藏戰國楚竹書(八)≫, (上海)上海古籍出版社, 2011.
馬承源 主編, ≪上海博物館藏戰國楚竹書(九)≫, (上海)上海古籍出版社, 2013.
方　勇, ≪秦簡牘文字編≫, (福州)福建人民出版社, 2012.
文炳淳, ≪戰國時代 中國의 印章≫, (서울)한국문화사, 2016.
文炳淳, ≪한자학습론≫, (서울)한국문화사, 2017.
駢宇騫, ≪銀雀山漢簡文字編≫, (北京)文物出版社, 2001.
山西省文物工作委員會, ≪侯馬盟書(增訂本)≫, (太原)山西古籍出版社, 2006.
徐正考, ≪漢代銅器銘文文字編≫, (長春)吉林大學出版社, 2005.
孫　剛, ≪齊文字編≫, (福州)福建人民出版社, 2010.
吳良寶, ≪先秦貨幣文字編≫, (福州)福建人民出版社，2006.
吳振武, ≪≪古璽文編≫校訂≫, (天津)人民美術出版社, 2011.
劉　釗, ≪古文字構形學(修訂本)≫, (福州)福建人民出版社，2016.
劉　釗 主編, ≪新甲骨文編(增訂本)≫, (福州)福建人民出版社, 2014.
王寬鵬 主編, ≪隸變≫, (上海)上海書店, 2015.
王心怡, ≪商周圖形文字編≫, (北京)文物出版社, 2007.
王恩田, ≪陶文字典≫, (濟南)齊魯書社，2006.
王　輝 主編, ≪秦文字編≫, (北京)中華書局, 2015.

李守奎, ≪楚文字編≫, (上海)華東大學出版社, 2003.
李守奎 主編, ≪上海博物館藏戰國楚竹書文字編(1-5)≫, (北京)作家出版社, 2007.
李守奎 主編, ≪包山楚墓文字全編≫, (上海)上海古籍出版社, 2012.
李學勤 主編, ≪清華大學藏戰國竹簡(壹)≫, (上海)中西書局, 2010.
李學勤 主編, ≪清華大學藏戰國竹簡(貳)≫, (上海)中西書局, 2011.
李學勤 主編, ≪清華大學藏戰國竹簡(參)≫, (上海)中西書局, 2012.
李學勤 主編, ≪清華大學藏戰國竹簡(肆)≫, (上海)中西書局, 2013.
李學勤 主編, ≪清華大學藏戰國竹簡(伍)≫, (上海)中西書局, 2015.
李學勤 主編, ≪清華大學藏戰國竹簡(陸)≫, (上海)中西書局, 2016.
李學勤 主編, ≪清華大學藏戰國竹簡(柒)≫, (上海)中西書局, 2017.
李學勤 主編, ≪清華大學藏戰國竹簡(壹～參)文字編≫, (上海)中西書局, 2014.
李學勤 主編, ≪字源≫, (天津)天津古籍出版社, 2013.
張守中, ≪張家山漢簡文字編≫, (北京)文物出版社, 2012.
周瑞盈, ≪中國隸書大字典≫, (鄭州)中州古籍出版社, 2015.
曹先擢·蘇培成, ≪漢字形義分析字典≫, (北京)北京大學出版社, 1999.
陳斯鵬 主編, ≪新見金文字編≫, (福州)福建人民出版社, 2012.
陳松長, ≪馬王堆簡帛文字編≫, (北京)文物出版社, 2001.
湯餘惠 主編, ≪戰國文字編(修訂本)≫, (福州)福建人民出版社, 2015.
湯志彪, ≪三晉文字編≫, (長春)吉林大學 博士學位論文, 2009.
馮勝君, ≪戰國燕系古文字資料綜述≫, (長春)吉林大學碩士學位論文, 1997.
何琳儀, ≪戰國古文字典-戰國文字聲系≫, (北京)中華書局, 1998.
何琳儀, ≪戰國文字通論(訂補)≫, (南京)江蘇教育出版社, 2003.
漢語大字典字形組, ≪秦漢魏晉篆隸字形表≫, (成都)四川辭書出版社, 1985.
許雄志 主編, ≪秦印文字彙編≫, (鄭州)河南美術出版, 2001.
黃德寬 主編, ≪古文字譜系疏證≫, (北京)商務印書館, 2007.
侯家慶, ≪戰國文字編校訂≫, (長春)吉林大學碩士學位論文, 2007.

■ 찾아보기

• 총획수

〈6획〉

〈7획〉

〈8획〉

〈9획〉

〈10획〉

〈11획〉

〈12획〉

〈13획〉

〈14획〉

〈15획〉

〈16획〉

〈17획〉

〈18획〉

〈19획〉

〈20획〉

〈21획〉

• 한글독음

〈ㅁ〉

〈ㅊ〉

〈ㅋ〉

〈ㅌ〉